Princess Eliza
Villa Cimbrone, Ravello

gio

Carla Coulson

Italia amore mio

Aus dem Englischen von Henriette Zeltner

Collection Rolf Heyne

Für all die Italiener, die mir nicht nur ihre Türen, sondern auch ihre Herzen geöffnet haben und die mich ihre Art zu leben, zu genießen und zu lieben lehrten.

Für Mum und Dad, die mir immer mit Liebe begegneten und die immer wussten, wann sie mich halten und wann sie mich ziehen lassen sollten.

Und für Popi:
Sie ist einfach wundervoll und mit ihren 74 Jahren immer noch sehr schön! Es ist faszinierend, sie zu beobachten, wenn sie redet und gestikuliert – wie eine Interaktion zwischen Orchester und Dirigent.
Und das leuchtende Strahlen ihrer Augen zieht einen magisch an, sie wirkt für Augenblicke wie 16. Geboren wurde diese faszinierende Frau als Tamara Zazzeri, aber für alle die sie lieben, wird sie immer nur Popi heißen.

Radda in Chianti

Inhalt

Introduzione 1

A tavola 17

Amore 35

Il mercato 55

Al bar 77

L'estate 93

Gli Italiani 119

La lavanderia 183

Buon appetito 143

La famiglia e gli amici 161

La Madonna 201

La vespa 223

Il Viaggio 241

Grazie 263

There will
when you
Everything
That
the beg

ome a time
believe
s finished.
will be
inning.

Louis L'Amour

Italy has always held a place in my heart.

intro-duzione

Einleitung

Florence

Florence

Ich hatte alles, was man sich nur wünschen kann. Zumindest sagte mir das jeder. Eine kleine Art-déco-Wohnung in Sydneys In-Viertel Darlinghurst. Eingerichtet mit lauter hübschen Dingen: einem venezianischen Murano-lüster, einer handgefertigten Vase aus dem brasilianischen Bahia, Sesseln aus Kopenhagen und wertvollen Teppichen aus Rajasthan. In meinem riesigen Schrank fanden sich haufenweise Seidenkleider mit Pailetten von Collette Dinnigan, Stilettos von Gucci und Klamotten von Akira, die wie Kunstobjekte aussahen. Montags wurden frische Blumen geliefert, dienstags kam meine Haushaltsperle, brachte meine 55 Quadratmeter wieder perfekt in Ordnung und hinterließ meine Wäsche gewaschen, gebügelt und gefaltet auf meinem Bett. Dank 13 erfolgreichen Jahren im Beruf konnte ich mir Reisen zu exotischen Destinationen in aller Welt leisten, auf denen ich weitere Pretiosen erstand.

Das mag sich ja alles ganz toll anhören, doch tatsächlich fühlte ich mich wie eine jener zahllosen unsichtbaren Frauen, deren Verfallsdatum bedenklich näher rückt. Und das in einer Stadt, die dem Jugendwahn hoffnungslos verfallen ist. Meine männlichen Altersgenossen verabredeten sich mit Frauen Anfang zwanzig, und meine Hoffnung auf Mr. Right, der mir die Bürde abnahm, alles selbst erledigen zu müssen, schwand beständig. Ich war eine dieser 35-jährigen Frauen, die ihren Müll immer noch selbst raustrugen, ihre Glühbirnen eigenhändig wechselten, ihre Hypothek selbst bezahlten und bei Familienfesten ohne

Familie erschienen. Meine einsamen Wochenenden bestanden aus endlosen Einkaufstrips, um meine bereits überquellenden Schränke weiter zu füllen und die fehlende Liebesbeziehung zu ersetzen. Wenn ich spätabends von der Arbeit nach Hause kam, graute mir vor meiner leeren Wohnung, in der mich nur ein piepsender Anrufbeantworter und eine Portion Thai-Food erwarteten.

Es war kurz vor Weihnachten des Jahres 2000, als auch meine letzten Single-Freunde nacheinander Beziehungen eingingen und sich weiterentwickelten. Während sich ihre Briefkästen mit Prospekten und Weihnachtskarten von Haushaltsgeräte-Herstellern und Babyausstattern füllten, bekam ich Speisekarten von Take-away-Services. Wenn es stimmt, dass die Nahrungsaufnahme etwas über das Liebesleben aussagt, dann kann ich wohl behaupten, dass meine Seele damals praktisch tot war: Kaffee zum Mitnehmen in Pappbechern und lieblose Gerichte für eine Person, zubereitet von namenlosen Köchen in undefinierbaren Schnellrestaurantküchen. Was in dieser unerfreulichen Phase meines Lebens einer Beziehung noch am nächsten kam, war das Verhältnis zu meinem Thai-Food-Lieferanten in der Nachbarschaft. Der gute Mann erkannte mich schon an meiner Bestellung: Miss-gebratener-Tofu-mit-Gemüse (nicht zu viel Öl).

Es war erschütternd: Während die Vorfreude auf das bevorstehende Weihnachtsfest um mich herum wuchs, fiel mein Stimmungsbarometer von Tag zu Tag. Die Aussicht auf ein weiteres Weihnachten im Kreise der Familie ohne eigene Familie und einen Silvesterabend, der sich durch nichts von dem des Vorjahres unterscheiden würde, rief mir schmerzlich in Erinnerung, was in meinem damaligen Leben alles fehlte. Als ich am 24. mein übliches Thai-Gericht öffnete, stieß ich neben viel Plastik auf ein eingepacktes Geschenk. Als beste Kundin meines lokalen Thai-Schnellrestaurants erhielt ich ein silbernes Schmuckdöschen und eine laminierte Speisekarte für das Jahr 2001 zum An-den-Kühlschrank-Hängen. Das gab mir wirklich den Rest. Noch nie hatte

ich mich so einsam gefühlt wie in diesem Moment. Diese silberne Schmuckschatulle machte mir schlagartig bewusst, dass das Leben sang- und klanglos an mir vorbeizog. Jeder durchgearbeitete Abend, jede gescheiterte Beziehung, jeder Kindheitstraum, den ich mir über meine Zukunft ausgemalt hatte, und die nagende Furcht, dass die Frau in mir langsam vor sich hin starb, all das manifestierte sich in diesem Weihnachtsgeschenk, das blank poliert vor mir auf dem Couchtisch stand. Irgendwann an jenem Abend wurde mir klar, dass es so nicht mehr weitergehen konnte: Natürlich konnte ich weiterhin ein Leben führen, das nur äußerlich schön war; ich konnte aber auch ausbrechen und herausfinden, wonach ich im Leben wirklich suchte.

Bilder von endlosen Besprechungen mit Marketing-Menschen mittleren Alters kamen mir in den Sinn, Gespräche mit Bürokollegen klangen mir in den Ohren. Die Aussicht auf weitere 13 Jahre in einem kleinen grauen Großstadtbüro erschien mir plötzlich unerträglich. Es war vorbei. Und dann ging alles ganz schnell: Ich vermietete mein Apartment, lagerte mein bisheriges Leben ein, verkaufte meine Büroanteile und machte mich mit zwei Koffern und meiner gebrauchten Nikon auf den Weg nach Italien.

Italien war für mich etwas ganz Besonderes gewesen, seit ich als 21-jährige Rucksacktouristin durch das Land getrampt war. Ich werde das Gefühl von Ehrfurcht niemals vergessen, das mich ergriff, als ich den Bahnhof von Venedig hinter mir gelassen hatte und zum ersten Mal den Canale Grande und die leicht maroden Palazzi erblickte. Oder das Bild von tausenden flackernden Kerzen unter freiem Himmel bei einer Aufführung von „Aida" in der antiken Arena von Verona. Selbst nach so vielen Jahren erschien es mir ganz selbstverständlich, dorthin zurückzukehren. Ferien in Florenz, Rom und Venedig zu machen und dabei der Sprache zu lauschen, die ich schon immer hatte lernen wollen. Dann wollte ich weitersehen.

Nun stand ich also mit meinem Gepäck in Florenz und mochte es kaum glauben, dass ich diesen Schritt tatsächlich gewagt hatte. Von meinem alten Leben war nicht viel übrig geblieben: Nach Jahren, in denen mich Besitz belastet hatte, hatte ich lange und gründlich überlegt, was mir unter all den schönen Dingen, die sich bei mir angesammelt hatten, wirklich wichtig war. Die Wahl war mir schließlich leicht gefallen: die Fotos, die an meinem Kühlschrank hingen, von Nichten und Neffen, Geburtstagen, Lachen und Weinen, Festen, Hochzeiten, Studienabschlüssen und all den anderen auf ewig festgehaltenen Emotionen, die das Leben ausmachen, hatte ich sorgfältig in meinem Koffer verstaut. Sie waren auch das Einzige, das ich nach meiner Ankunft in Popis wunderbar chaotischem Haus in Florenz auspackte.

Popi hatte ich übrigens während meiner Wohnungssuche kennen gelernt – in schier unerträglicher Augusthitze. Piotr, ein Klassenkamerad aus meinem Italienischkurs, hatte mir von den Vorzügen dieser beeindruckenden Frau vorgeschwärmt, die seit 25 Jahren ein offenes Haus für Studenten aus aller Welt führt. Piotr lebte dort zusammen mit fünf anderen Studenten „wie im Paradies" und lag mir in den Ohren, ebenfalls dort einzuziehen. Nach so vielen Jahren als Single mit eigenem Apartment hegte ich allerdings ernste Zweifel an meiner WG-Tauglichkeit …

Piotr ließ nicht locker, und eines schönen Tages machte ich mich also auf den Weg zu Popis Haus. Wer hätte damals gedacht, dass es bald nicht mehr aus meinem Leben wegzudenken war, dieses Gefühl, am Ende des Tages ihre Haustür aufzustoßen und von verführerischen Essensgerüchen empfangen zu werden. Mein künftiger Heimweg würde mich durch die mittelalterlichen Gassen zwischen dem *duomo* und der Piazza Beccaria führen, und an freien Nachmittagen würde ich dem Arno vom Ponte Vecchio aus folgen, vorbei am Ponte alle Grazie und am Ponte San Niccolò, und den Ruderern beim Trainieren auf

HOTEL
PORTA ROSSA

Tagsüber fühlte ich mich wie Annie Leibovitz, nachts war ich Audrey Hepburn.

dem Fluss zusehen. Ich würde mich für einen Fotokurs einschreiben und jeden Morgen beim Frühstück mit Kaffee und Brioche Italienisch lernen, während das Sonnenlicht über den *terrazzo* in die Küche fiel. Aber all das konnte ich nicht ahnen, als ich Popi die Miete für zwei Wochen im Voraus bezahlte – und zwei Jahre blieb.

Florenz war einfach bezaubernd – und der italienischen Lebensart verfiel ich in atemberaubender Geschwindigkeit. Bald waren mir die Piazza della Signoria und die Fontana di Nettuno so vertraut wie der Bondi Beach und seine Wellen. Ob *aperitivi* mit neuen Freunden, ein sommerabendliches Streichquartett unter freiem Himmel auf der Piazza oder ein Besuch in Neapel, Positano oder wo auch immer Lust, Laune und Trenitalia mich hinführten – nichts wurde vorausgeplant, es geschah einfach. Das Leben war schlicht, und ich erlebte es in einem neuen Tempo, das wenig mit dem meines hektischen Alltags in Australien zu tun hatte. Ich erstand ein kleines Fahrrad, auf dem ich gemütlich durch die Gassen radelte. Abends pflegte ich *la passeggiata* durch die florentinische Altstadt oder genoss die endlosen Essen und Gespräche in dem sanften Licht an Popis Tafel. Jeder Tag war ein Abenteuer, das Bestellen von *spremuta d'arancia* (ein wunderbares Wort für schnöden Orangensaft) und *tramezzino* eine Herausforderung. Ich genoss die Sonne auf meinem Rücken, die Straßenmusik entlang des Arno am Nachmittag, Popis himmlisches Essen, das sie allabendlich für uns zubereitete, und die Myriaden von Männern, die mir im Vorübergehen *„Ciao bella!"* zuriefen oder mich auf einen *caffè* einladen wollten.

Ich war beseelt von dem Gefühl, dass alles möglich war und erfüllte mir nach ein paar Wochen einen lang gehegten Traum: Ich verkaufte meine Nikon und erstand dafür eine robuste schwarze Leica, sozusagen der Manolo Blahnik unter den Kameras. Meine Leica und ich waren fortan unzertrennlich, meine Kurztrips nach Neapel, Positano oder Venedig wurden zu regelrechten Fotosafaris. Meine

San Marco, Venice

Kamera ermöglichte mir eine Existenz, von der ich bisher immer nur geträumt hatte: ein Leben, erfüllt von Begegnungen mit vielen verschiedenen Menschen, voller Spannung, Leidenschaft, Kreativität und Spontaneität.

Manchmal konnte ich selbst nur darüber staunen, auf was für eine Existenz ich mich da eingelassen hatte: als Fotografin in einem fremden Land, mit neuer Sprache, ohne Netz und doppelten Boden. Aber es klappte. Eines Tages reiste ich nach London und klopfte dort bei so vielen Zeitschriften wie nur möglich an; dann nahm ich den Zug nach Mailand und war geradezu panisch bei der Vorstellung, meine Arbeiten auf Italienisch anpreisen zu müssen; und als ich zu Weihnachten nach Hause nach Australien fuhr, klapperte ich dort ebenfalls die Magazinszene ab. Als ich dann eine erste E-Mail von „Marie Claire" erhielt, die mit den magischen Worten „We like it" begann, vergoss ich eine stille Träne (vielleicht waren es auch ein paar mehr...). Nach und nach wurden meine Fotos und Geschichten in verschiedenen Magazinen abgedruckt, und was als leidenschaftliches Hobbie begonnen hatte, wurde zum Beruf. Ich bildete Menschen, Plätze, Mode und Alltagsszenen aus Florenz ab und suchte nach immer neuen Motiven und Inspiration. Die fand ich zunächst bei Popi, aber nach zwei Jahren mit dem besten Essen, das ich je genossen habe, hielt ich den Moment für gekommen, den nächsten Schritt zu tun. Popi sagte nicht Auf Wiedersehen, sondern *„A presto"* (bis bald) und weigerte sich, ihren Haustürschlüssel zurückzunehmen. *„Casa mia è casa tua; vieni quando vuoi"* – mein Haus ist dein haus; komm, wann immer du möchtest – sagte sie zum Abschied.

Ich bezog eine kleine Wohnung in der Via Maggio im Herzen von Oltrarno (wörtlich heißt dieses Viertel „jenseits des Arno") zwischen der Piazza Santo Spirito und dem Palazzo Pitti. Und schon als ich den Schlüssel zum ersten Mal ins Schloss steckte, wusste ich, dass ich eine neue Heimat gefunden hatte. Wie die meisten Gebäude an der Via Maggio stammt auch dieses aus dem 16. Jahrhundert – der

Weg durch das Treppenhaus ist übrigens besser als jedes Aerobic-Workout. Die Wohnung besteht aus einem riesigen Raum mit wunderbarer Holzbalkendecke und florentinischem Mobiliar. Es gibt keine minimalistischen Designermöbel oder Avantgarde-Kunst, trotzdem gefällt es mir. Mein gigantisches Bett bedeckt ein weißer Überwurf (die typisch florentinischen Medusenhäupter mussten weichen); außerdem gibt es eine Ausziehcouch und einen großen toskanischen Tisch mit sechs geflochtenen Strohstühlen. Die Botticelli-Kopien mussten leider weichen, stattdessen geben nun komplett weiße Wände den perfekten Hintergrund für eine Riesen-Collage aus meinen Lieblingsfotos und Porträts ab. Das schöne alte Fenster geht auf einen *cortile* hinaus, mitten hinein in das Leben meiner Nachbarn. Als ich gerade eingezogen war und ein Nachbar quer über den Hof nach Marco rief, der daraufhin den Kopf aus dem Fenster streckte und eine stundenlange Unterhaltung anfing, kam ich mir vor, als würde ich unerlaubt in das Leben dieser Leute eindringen. Heute ist das Geplauder, sind die Gerüche der diversen Abendessen und gelegentlich eine zornige Ehefrau, die ihrem untreuen Gatten seine Kleider vom zweiten Stock auf die unten geparkten Fahrräder und die dort trocknende Wäsche wirft und ihn dazu einen *„Sporco bastardo"* heißt, liebgewordener italienischer Alltag für mich.

Seit dem Tag, an dem ich Sydney und mein vermeintlich geordnetes Leben verlassen habe, hat sich so vieles verändert. So sitze ich etwa viel häufiger hinten in einem Bus als vorne in einem Flugzeug. Und das Bezahlen der Miete ist nicht mehr nur ein bloßer Internet-Transfer, sondern eine allmonatliche Herausforderung. Zeit hat eine neue Bedeutung für mich und Begriffe wie Kurzwahl, Take-away, Business-Meeting oder Hypothek gehören nicht mehr in meinen Wortschatz. Jene Frau, die noch vor Monaten das Gefühl hatte, innerlich zu sterben, fühlt sich quicklebendig und gut. Ihr Leben ist ein aufregendes Mosaik aus Eindrücken und Emotionen, von denen sie immer geträumt hat.

Venice

a tavola

Bei Tisch

Das Haus war riesig. Eine zweigeschossige Villa, die eine belebte Straßenkreuzung nur einen Steinwurf vom Ponte di San Niccolò und dem Arno entfernt beherrschte. Das verblasste Toskanagelb der Fassade entsprach meiner Klischeevorstellung eines florentinischen Hauses absolut. Unterbrochen wurde es nur von den dunkelgrünen Läden und von leuchtend bunten Geranien hoch oben auf den Balkonen. Imposante Holztüren ragten weit über meinen Kopf hinaus, und während mein Finger über dem Klingelknopf von Signora Popi Zazzeri schwebte, tummelten sich Schmetterlinge in meinem Bauch. Die Augustsonne brannte auf meinen Schultern und insgeheim verfluchte ich Piotr, meinen Schweizer Kommilitonen aus dem Italienischkurs, der mir Popis Telefonnummer gegeben hatte. Es erschien mir plötzlich ziemlich lächerlich, im reifen Alter von 35 Jahren bei einer Italienerin einzuziehen, die älter war als meine Mutter. Noch dazu mit Studenten, die vermutlich im Alter meiner jüngsten Cousins und Cousinen waren. Aber ich hatte keine Wahl, hatte ich doch bereits alles versucht, um eine Wohnung oder ein Zimmer in Florenz aufzutreiben, während sich die Stadt im Zuge der Sommerferien allmählich leerte. Die Renovierungsarbeiten über meiner kleinen Pension an der Piazza Santo Stefano schienen die einzigen verbliebenen Aktivitäten in der Stadt zu sein. Der Lärm und die Hitze machten mich fertig. Aber egal, wie viele Telefonate und Besichtigungen ich auch absolvierte – immer gab es einen Haken: „Tut uns

Eric

Jessica

Popi and Pesto!

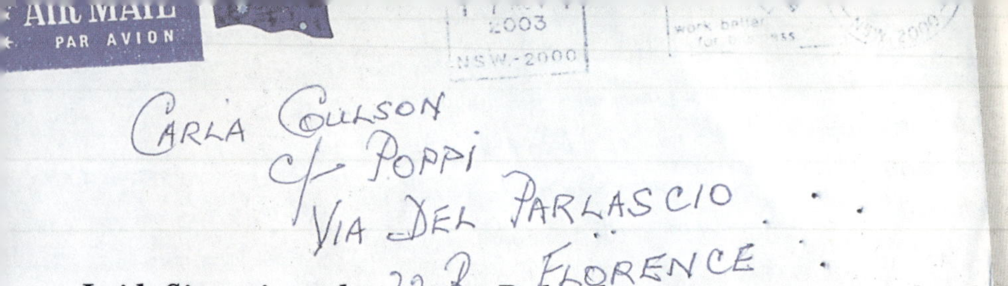

Leid, Signorina, aber um ins Bad zu kommen, müssen wir durch Ihr Zimmer" oder „Wir suchen jemand, dem es nichts ausmacht, das Zimmer mittwochs und freitags zu räumen, weil unser Vater es dann als Ordinationszimmer braucht." Nun hatte ich beschlossen, dass Piotrs *casa come un paradiso* mein letzter Versuch sein sollte. Ich drückte also den Klingelknopf und sprang erschrocken ein wenig zurück, als sich die Tür automatisch öffnete. „Ich werde höchstens eine oder zwei Wochen bleiben", versicherte ich mir selbst.

Das Haus war kühl und dunkel, und wie ein Rattenfänger lockte mich der Duft frisch gebackener *schiacciata* (ein köstliches Fladenbrot ähnlich der *focaccia*) die Treppe hinauf. Die Wände des Treppenhauses zierten Poster von Roy Lichtenstein. Eine hohe Stimme rief mir vom zweiten Treppenabsatz *„Buongiorno, cara mia"* zu. Als ich den ersten Absatz erreicht hatte, erblickte ich eine wunderschöne Frau in einem leuchtend roten Kaftan mit Ringen an allen Fingern und einer langen, klimpernden Silberkette mit lauter Glücksbringern daran. Ihre Zehennägel waren perfekt pedikürt und knallrosa lackiert. Ein Rauchfaden ihrer Zigarette brachte sie zum Blinzeln, als sie sich zu mir herunterbeugte, um mir die Hand zu schütteln und mir ihre Wange hinzuhalten. *„Sono Popi"*, sagte sie. „Wir sind hier ziemlich viele. Ich hoffe, das macht dir nichts aus. Im Moment schläft sogar jemand auf dem Diwan", erklärte sie und entschuldigte sich im gleichen Atemzug dafür. Dann führte sie mich durch ihr Reich.

In Popis Haus gab es sieben kleine Zimmer, die stets belegt waren. Meine acht Quadratmeter schmückten ein Einzelbett (dessen Ende ich leicht mit meinen Zehen berühren konnte) und ein Schrank, der olympiareife Verrenkungen erforderte, wenn man ihn öffnen wollte. Ein riesiger Magnolienstrauch und die Terrakottadächer von Florenz bestimmten den Blick aus meinem Fenster. Frühstück wurde ab acht serviert und um zehn abgeräumt, weil dann alle in ihre Kurse gingen. Der Duft von vor sich hinköchelnden Tomaten, gebackener Ricotta

Die Fotografie füllte eine große Lücke in meinem Leben – sie gab mir die Freude daran zurück.

Lungarno, Florence

und frischer Pasta zog zehn Stunden später durchs Treppenhaus. Ungefähr so lange dauerte es nämlich, das Abendessen zuzubereiten. *„A tavola!"* lautete der Ruf zum Abendessen – dem Höhepunkt unseres täglichen „Familienlebens". Und diesen Ruf sollte ich gleich an meinem ersten Abend vernehmen.

Der Geruch von zerstampftem frischem Basilikum, der durch die Küche zog, war ein Vorgeschmack auf jenes *a tavola*. Pasta mit Pesto wurde als erster Gang aufgetragen. Popis Pesto war einfach umwerfend. Während ich meine Portion genüsslich verzehrte, schickte mir Piotr einen vielsagenden Blick über den Tisch: „Na, hab ich dir zu viel versprochen?" Begleitet von dem Satz *„il cameriere è sempre in vacanza"* (der Kellner ist immer im Urlaub) wurden wir aufgefordert, weitere üppige, farbenprächtige und sinnliche Gerichte, die hinter der Küchentür warteten, aufzutragen: Töpfe, in denen der *secondo piatto* – Huhn mit Oliven in Tomatensugo – stundenlang gesimmert hatte, sowie die *contorni*, toskanische weiße Bohnen (*fagioli*) in reichlich Olivenöl, Spinat (*spinaci*) und *patate* mit Rosmarin. *„Vuoi ancora?"*, erklang Popis Mantra, noch während einem der letzte Bissen auf der Zunge zerging. Aber irgendwann mussten wir alle passen.

Jener erste Abend verging im sanften Licht an Popis Tisch ungeheuer schnell. In der Runde saßen: Eric, ein amerikanischer Ivy-League-Student der italienischen Literatur; Paola, eine mexikanische Schmuckdesignerin auf der Suche nach neuer Inspiration; Philippa, eine Museumskuratorin aus der Schweiz vom Kunsthistorischen Museum Genf; Lilian, eine Diplomatengattin aus Guatemala, die zum Italienischlernen nach Florenz gekommen war; Piotr (mein Klassenkamerad aus dem Sprachkurs), der eigentlich Medizin studierte, und Alexandra, eine Übersetzerin für Englisch und Französisch aus Deutschland. Man diskutierte Themen, von denen ich noch nie gehört hatte, sprach von Orten, die zu besuchen ich mir immer erträumt hatte, und, einer nach dem anderen, auch von den Leidenschaften, die ihren jeweiligen Lebensweg bestimmten. Die Chancen, die mir diese Tafelrunde bot, erschienen mir an jenem Abend unendlich, und Popi war die Verkörperung all dessen, was ich in meinem Leben in Sydney vermisst hatte.

Es folgten unzählige Sommerabende, erfüllt vom Duft der Gardenien und dem Geknatter der Vespas unten auf der Gasse. Die beständige Versammlung neuer und vertrauter Gesichter tauschte Geschichten aus, während Popi uns mit Zuneigung in Form von Essen versorgte. Ich lebte zusehends auf, meldete mich voller Elan für einen Fotokurs an, erstand ein Fahrrad, das schon bessere Zeiten gesehen hatte und begann, regelmäßig mit Cesarina (einem der vielen Mitglieder von Popis erweiterter Familie) und Popi Italienisch zu üben, während sie Tomaten blanchierten und Zwiebeln für die abendliche *minestrone* hackten. Ich quälte sie mit meinen lückenhaften Kenntnissen, die ich jeden Morgen, in dem großen Sessel in der Ecke fläzend, zum Besten gab. Der Duft von *aglio* in heißem Olivenöl und glasig gebratenen Zwiebeln hing in der Luft, während Popi und Cesarina Artischocken vorbereiteten und Polenta kochten. Ich löcherte sie in einem fort mit meinen Fragen, wie sie kochten und warum das alles so herrlich schmeckte. Das Wichtigste, so erklärten sie mir, sei: Sich genug Zeit nehmen und mit viel Liebe kochen – dann schmeckt es immer. Ich war nicht wirklich davon überzeugt, dass das bei meinen Kochkünsten ausreichen würde!

Wenn meine Kurse es zuließen, bat ich Popi, sie auf den Mercato di Sant' Ambrogio begleiten zu dürfen. Ich liebte die Atmosphäre, die dort herrschte. Popi hakte sich dann bei mir unter und gemeinsam schlenderten wir auf der Suche nach den besten Waren zwischen den Marktständen herum. Ein Metzger namens Bruno legte ihr stets das beste Lammfleisch zurück; Luigi verwöhnte uns mit *marzolino* (einen weichen Pecorino, der traditionell im März – *marzo* – gegessen wird), und Antonella packte uns mit großer Sorgfalt frischen Rucola und anderen Salat in braune Papiertüten. Wenn wir mit unseren Einkäufen

You SHOULD
READ THIS
Costacu
Pina Ba
Tanztheater
Wupperta
Daphne
ESSIONE PER I
Nazionale di
urali "Gali
TRENTO - Tel. e F
ernet: www.scuolairidolo

“Luigi Costacur
NA PROFESSIONE PER IL FUTU
LA PRIMA SCUOL
Pizzi
Sarda
SMO
su Mascare e
rdo.
gruppo "SONUS DI
Chiesa, P. Vela, Treporti

fertig waren und der Ecktisch im Cibreo Caffè frei war, kehrten wir dort auf einen Cappuccino und eine Brioche ein und beobachteten die anderen *signore*, die an den kleinen Holztischen ihren *caffè* tranken.

Die Chance, nach all den Jahren der Berufstätigkeit, in denen ich tausend Sachen auf einmal gemanagt hatte und immer völlig geschafft nach Hause gekommen war, wieder die Schulbank im Fotokurs zu drücken, erschien mir wie ein Geschenk. Zumal meine Hausaufgaben ja nur darin bestanden, zu fotografieren. Allerdings brachte die ungewohnte Sprache einige Tücken mit sich. Mein *professore* fotografierte ebenso leidenschaftlich gern wie seine Studenten. Ständig trug er eine Rolleiflex aus den Fünfzigerjahren mit sich herum, und oft konnte man ihn in der Mittagspause dabei beobachten, wie er wieder einmal die Türme von Santa Croce ablichtete. Wir brüteten Stunden über Aufnahmen von Jeanloup Sieff, Henri Cartier-Bresson, Jan Saudek und Robert Capa. Jeden Nachmittag tauchten wir in deren faszinierende Welt ein und wollten sie am liebsten gar nicht mehr verlassen. *„Hai capito?“*, pflegte mein Lehrer mich anzublaffen, wenn meine Augen strahlten, obwohl ich keine Silbe verstanden hatte. Rasch fügte er dann eine Erklärung in seiner Version von Pidgin-Englisch hinzu, die mich meist kein bisschen schlauer machte. Nicht selten verließ ich den Unterricht tränenüberströmt und fragte mich, ob ich's je begreifen würde. Und er fragte sich mit Sicherheit das Gleiche.

Aber als in der Dunkelkammer zum ersten Mal ein lachendes kleines Mädchen unter meinen Händen auftauchte, war der Groschen gefallen – und ich hatte endgültig Blut geleckt. Ob Tag oder Nacht – ich tat fortan keinen Schritt mehr ohne meine Kamera und bannte die Eigenheiten der italienischen Lebensart auf Film: neapolitanische Granita-Stände, an denen Zitroneneis verkauft wurde; vorbeifahrende Vespas, auf denen sich ganze Kleinfamilien drängten; reich verzierte römische Brunnen; tanzende Paare in der Nachmittagssonne am Ufer des Arno; *i baristi* (Barmänner) im Rivoire und Paskowski und all die Individualisten, die die Märkte bevölkern. Ich fotografierte *napoletani*, die Fernseher auf die Straße schleppten und sich davor zusammendrängten, um bei *panini*, kaltem Bier und mit der Fernbedienung in der Hand die Spiele der Fußball-WM zu sehen. Jedes Tor für Italien wurde mit Gesang, Umarmungen und Tänzchen gefeiert, als gäbe es nichts Wichtigeres. Ich ging in die Küchen von Trattorien und bat um Erlaubnis, den Koch mit seiner Pasta abzulichten. Ich betrat *botteghe* (Werkstätten) und sah Handwerkern zu, die antike Statuen restaurierten oder schmiedeeiserne Tore herstellten. Im Winter radelte ich morgens, wenn der Boden noch von einer Reifschicht überzogen war, als Erstes zum Bahnhof und knipste die vorbeieilenden Menschen; später am Tag versuchte ich, die Schatten und Silhouettten der zarten Nachmittagssonne einzufangen. Die Statuen auf der Piazza della Signorina, Perseus und Neptun, fotografierte ich ein ums andere Mal. Denn jeder Tag zeichnete sich durch anderes Licht und andere Schatten aus, denen ich einfach nicht widerstehen konnte.

Wenn ich dann an frostigen Wintermorgen völlig durchgefroren nach Hause kam, umsorgten mich Popi und Cesarina mit Bechern voll heißer Schokolade und dampfenden Suppen. *„Ti fa bene“*, das wird dir gut tun, beharrten sie dann. Ich verliebte mich in Italien, in Popi und in ihr verrücktes Haus mit seinen himmlischen Düften. Und natürlich verliebte ich mich in die Fotografie. Sie lieferte mir den Anlass, ein Gespräch zu beginnen und am Leben anderer Menschen teilzunehmen – wenn auch nur für einen Augenblick. Sie erlaubte mir, über meine eigene Welt nachzusinnen und die kleinen Dinge darin wahrzunehmen, die mir solches Vergnügen bereiten. Und sie brachte mich mit Menschen, Orten und Situationen zusammen, von denen ich nie zu träumen gewagt hätte. Die Fotografie füllte diese unbestimmte Leere, die mich in Sydney so gequält hatte, in mir aus und gab mir die Lust am Leben zurück.

Singing angel detail, Duomo - Florence

amore

Liebe

Roses, Florence

Italien erschien mir wie eine einzige endlose Liebesszene.

In den Wochen nach meiner Ankunft in Italien bemerkte ich ein Phänomen, das mich immer wieder vollkommen überraschte: die vielen Jungen und Alten, die sich hier auf offener Straße küssten, herzten, im Arm hielten und liebten. Auf Kirchenstufen, in hell erleuchteten Straßen, auf antiken Brücken und Plätzen – überall tummelten sich Leute, die sich scheinbar endlos ihre Zuneigung bezeugen mussten. Gelegentlich wendete ich mich einfach peinlich berührt ab, manchmal konnte ich aber den Blick von den Szenen, die sich vor meinen Augen abspielten, kaum losreißen.

Je näher der Frühling über die Hügel der Toskana drängte und die Luft mit Magnolienduft füllte, umso präsenter wurden diese Szenen im Alltag: Da küsste sich ein junges Paar mit der Leidenschaft von zwei Menschen, die noch nie zuvor geküsst haben. Für die Straßenkehrer und die Leute um sie herum, die ihre Einkäufe erledigten, hatten sie weder Auge noch Ohr. Dort auf *binario 11* umschlang sich ein mittelaltes Paar im Stil von „Casablanca" und wurde widerstrebend auseinander gerissen, nachdem der Schaffner in seine Trillerpfeife geblasen hatte. Mitten im tiefsten Winter kümmerten sich zwei *ragazzi* auf den Stufen von Santa Croce nicht im Geringsten um die Touristenströme, während sie einander mit zärtlichen *baci* überhäuften.

Meine angelsächsische Erziehung sieht derart verliebtes Verhalten in der Öffentlichkeit eigentlich nicht vor, sodass mir Italien wie eine einzige endlose

Liebesszene erschien. Liebe liegt hier in der Luft wie ein ewiges Versprechen von Frühling. Helden des italienischen Kinos der Fünfzigerjahre wie Vittorio Gassman, Alberto Sordi und Vittorio De Sica werden wieder lebendig, wenn ich am *ortolano* (Gemüsehändler), am *legatorio* (Buchbinder) oder dem *biciclettaio* (Fahrradgeschäft) vorbeigehe. Ihre heutigen Ebenbilder harren geduldig in den Kulissen aus und warten auf ihren Auftritt im Rampenlicht. Bis dahin geben sie sich damit zufrieden, jede Frau, die ihren Weg kreuzt, zu bezaubern, zu amüsieren und zu verführen. *„Bellezza in bicicletta!"*, entfährt es Marco, während er reife Pfirsiche stapelt. Er hält inne, um ein schönes, vorbeiradelndes Mädchen zu bewundern. Paolo lehnt lässig in der Ladentür mit einer Zigarette im Mundwinkel und murmelt: *„complimenti alla tua mamma"*, während die Bücher, die er zu restaurieren hat, hinter ihm im Laden warten. Wenn an langen Wintertagen, wo man selten schöne Frauen zu Gesicht bekommt, ein hübsches Mädchen ihr Fahrrad mit plattem Reifen vorbeibringt und Carmelo ein Lächeln schenkt, richtet dieser die Augen gen Himmel, schlägt in dramatischer Geste die Hände zusammen und ruft aus: *„C'è un dio!"* – es gibt einen Gott.

Italienische Männer lieben die Jagd, das Romantische und Spielerische, die Versuchung, die Spannung und – natürlich – die Frauen. In Italien gehört das gewisse Prickeln zum Alltag und jeder flirtet ganz offen. Im Unterschied zu ihren angelsächsischen Geschlechtsgenossen geben die Italiener auch nicht gleich auf, wenn eine Frau „Nein" sagt. Sie betrachten eine Abfuhr vielmehr als Herausforderung, die die Jagd nach einer Frau erst richtig interessant macht. Man gibt sich selbstbewusst und ist überzeugt, dass *le signorine* dem männlichen Charme letztendlich verfallen werden – und in erstaunlich vielen Fällen liegt man(n) damit sogar richtig! Aber dann fangen die Schwierigkeiten erst an …

Ich erinnere mich noch an den ersten Italiener, mit dem ich damals ausging. Salvatore war ein junger „Seemann", der alte Holzboote von Capri aus in einen

Love

Streets of passion

Heart

ponte santa trinita

books of love

Santa Croce

Trulli, Puglia

just married

PLAY BAR

kleinen Hafen an der Amalfiküste überführte. Als Salvatore mir erzählte, er wohne noch bei seiner Mutter, konnte ich ein Kichern nicht unterdrücken. Ich war wie die meisten australischen Teenager, die gar nicht schnell genug erwachsen werden können, mit 19 Jahren von zu Hause ausgezogen. Es war mir ein tröstlicher Gedanke, nachdem Salvatore mir zugunsten einer jüngeren, blonderen Holländerin vom Typ Supermodel den Laufpass gegeben hatte, dass sie sich in dem Bett, in dem er schon als Kind geschlafen hatte, lieben mussten. Dabei hatten sie ihre Leidenschaft zu dämpfen, um seine Mutter, die im Zimmer gleich nebenan schlief, nicht zu wecken. Es war mir außerdem eine Genugtuung, dass sie nie nackt durchs Haus laufen oder auf der Couch herumknutschen konnten, da seine Mutter und ein Haufen Verwandtschaft ständig in der Küche hockten, wo man Sugo in riesigen Töpfen kochte und schwarzen Kaffee schlürfte. Meine Freude währte allerdings kurz, als ich feststellte, dass die Mehrzahl der italienischen Männer noch bei ihren Eltern lebt …

Es ist eigentlich kein Wunder, dass es im Italienischen keine Entsprechung für das Wort „Privacy" gibt. Damit meine ich, dass nicht nur die entsprechende Vokabel fehlt, sondern dass die Italiener auch gar keinen Anlass hätten, diese zu benutzen. In Italien gibt es keine Privatsphäre und folglich auch kein Wort dafür. (Inzwischen hat man den englischen Ausdruck übernommen, der mit typisch italienischem Akzent gesprochen wird.) Und da die meisten Unverheirateten noch im „Hotels Mamma" logieren, kann man all das Gekuschel und Geschmuse in der Öffentlichkeit nachvollziehen. Wer zu Hause, wo *mamma* und *nonna* ständig präsent sind, keinerlei „prai-vaa-ssii" findet, dem erscheinen wohl *piazze* und *strade* als „privatere" Orte für Liebesbezeigungen. Praktisch auf jeder *piazza* in Italien – sei es die Piazza San Marco in Venedig, der Campo de' Fiori in Rom, der Ponte Vecchio in Florenz oder die Piazza Plebiscito in Neapel – und zu jeder Tages- und Nachtzeit finden hier endlose Küsse, lange Blicke und zärtliche

In love, words don't count; what count

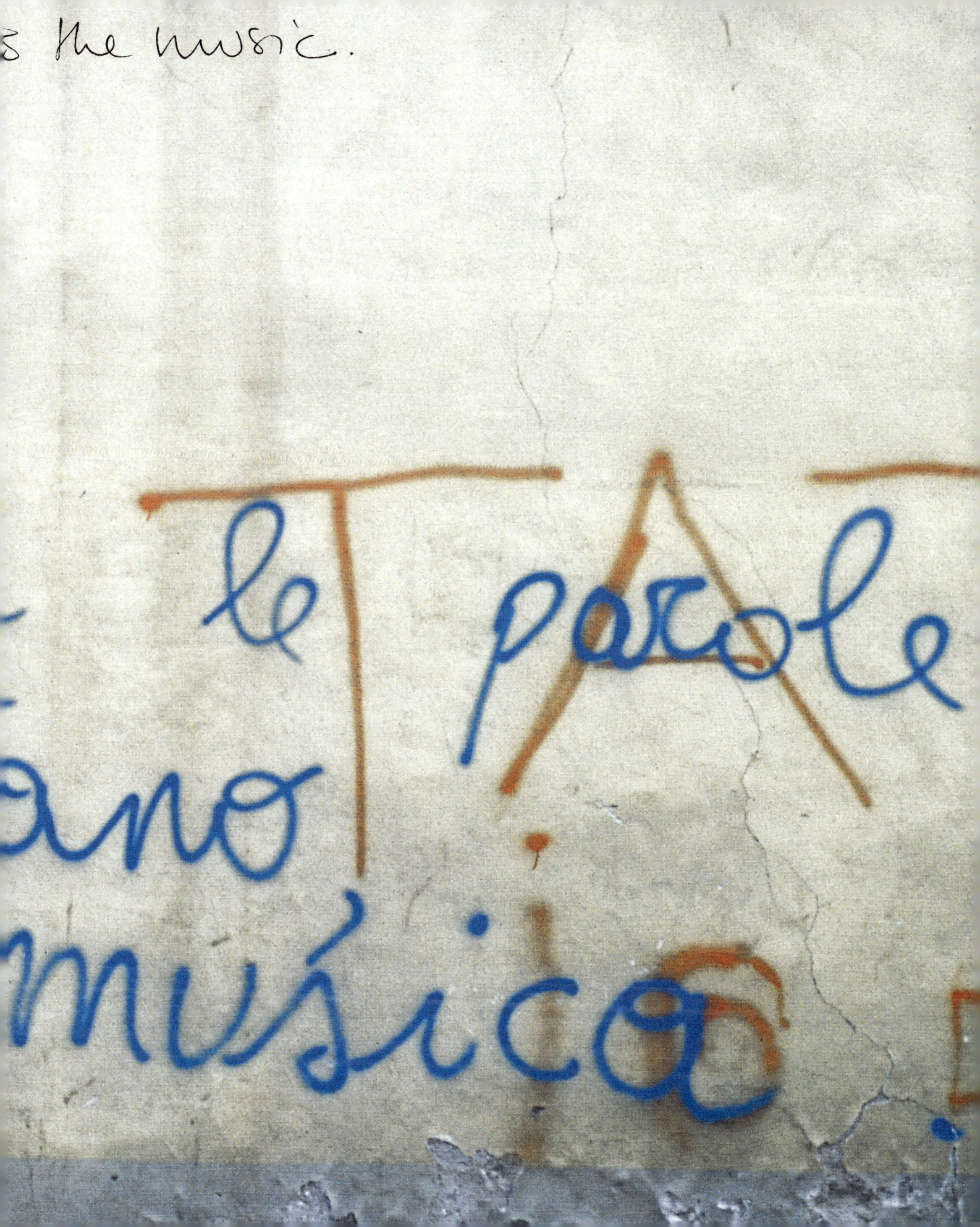
s the music.
le parole
ano
musica.

Berührungen vor aller Augen statt, während einer um den anderen wirbt und *„Come sei bella"* – wie schön du bist – *„Non c'è nessuno come te"* – du bist einmalig – und natürlich *„Ti amo"* geflüstert wird.

Mio amore heißt übrigens Francesco. In den letzten beiden Jahren konnte man uns in aller Öffentlichkeit knutschen sehen. Während unsere Beine in einer warmen Sommernacht vom Ponte Santa Trìnita in Florenz baumelten; beim Eisessen und Sonnetanken auf den Felsen des kleinen Fischerdorfs Giovinazzo, wo er als Kind alle Sommerferien verbrachte; und beim Küssen unter Laternen oder auf dem Ponte Vecchio, wie das alle Liebenden vor uns und nach uns getan haben und tun werden – ganz so, als ob es die natürlichste Sache der Welt sei. Italien ist einfach ein wundervoller Ort für Verliebte!

Francesco ist groß, dunkel und gut aussehend, mit gelb-grünen Tigeraugen, pechschwarzen Haaren und einer tiefen, rauen Stimme. Wenn er mit nichts als einem weißen Unterhemd und einer Zigarette im Mundwinkel durchs Haus läuft, kommen mir Alain Delon und Marcello Mastroianni in den Sinn und ich fühle mich, als wären wir Hauptdarsteller in unserem eigenen Fellini-Film mit „That's amore" in Endloswiederholung als Hintergrundmusik. Kitschig, ich weiß, aber sooo schön!

Ich erinnere mich noch genau daran, als Francesco zum ersten Mal *„ti amo"* zu mir sagte und damit meinen Status als seine *amore* bestätigte. Das war in meinem ersten Urlaub in der Region Puglia und am Tag meiner ersten Begegnung mit Francescos Familie. Er stammt aus Terlizzi, einem kleinen Dorf nahe dem süditalienischen Bari. Wir hatten geplant, zehn Tage ausschließlich mit Essen, Schlafen, Schwimmen und Sightseeing in Puglia zu verbringen. Bevor wir zu unserer Reise aufbrechen würden, hatten wir allerdings noch ein *appuntamento* zum Mittagessen in Francescos Elternhaus: Alles war blitzblank geputzt, das gute Geschirr war gedeckt, nebst dem edlen Besteck, frische Blumen schmückten den

Francesco –
il mio amore

LOVE IS IN THE AIR

Naples

Tisch. Als wir eintrafen, waren alle da: Zia Patrizia, Zia Franca, Zia Maria, Zia Rosa, Zio Franco, Zio Giuseppe, Zia Gina, Zia Nora, *i nonni* – die Großeltern –, fünf Cousins und Cousinen (deren Namen ich bis heute durcheinander bringe), Francescos Bruder Beppe, seine Mutter Chiara und natürlich sein Vater Giuseppe. Sie alle waren gekommen, um mit eigenen Augen zu sehen, wer da ihren Erstgeborenen verhext hatte.

Ich lebte damals bereits seit drei Jahren in Italien und hielt mich für vertraut mit allen landestypischen Tischsitten. Weit gefehlt. In Sachen Gastfreundschaft übertreffen die Süditaliener einfach alle. Die Bereitung eines Festmahls nimmt Tage in Anspruch, nichts wird dem Zufall überlassen. Man bäckt Brot, legt gebratene Zucchini in reichlich Olivenöl ein, füllt *panzerotti* mit Mozzarella und Tomaten und frittiert sie dann, Zitronen aus dem eigenen Garten werden zu *limoncello* verarbeitet, außerdem bäckt man absolut perfekte *taralli*, knusprig pikante Kekse. Unser Festmahl begann mit einem *primo piatto* aus handgemachten *orecchiette* (öhrchenförmige Nudeln) mit Tomaten, Rucola und Parmesan, die Francescos Oma zubereitet hatte. Zwischen Happen von saftiger *burrata pugliese* (einer lokalen Käsespezialität, die wie Mozzarella aussieht, aber eine schmelzende Füllung enthält) wurden die ersten vorsichtigen Fragen an mich gestellt. „Wachsen in Australien auch Trauben?", „Gibt es bei euch Fiat 500?", „Wieso ziehen bei euch alle so früh von zu Hause aus?", „Kannst du mit dem Zug nach Hause fahren oder musst du ein Flugzeug nehmen?" Als *tiramisù*, *caffè* und *limoncello* auf den Tisch kamen, hatten wir bereits elf verschiedene *piatti* genossen und unzählige Fragen geklärt. Als wir nach sechs Stunden aufbrachen, stieß ich einen Seufzer der Erleichterung aus. Das war der Moment, als sich Francesco zu mir umdrehte und sagte: *„Ti amo."* Und das waren die zwei Worte, mit denen er die Enttäuschungen der letzten zwanzig Jahre auslöschte. Jahre, in denen ich mich gefragt hatte, warum ich nicht den Richtigen fand.

Anders als im englischen Sprachraum sagt man in Italien zu Eltern, Kindern oder Freunden niemals „ich liebe dich". Hier bleibt der Satz den Liebenden vorbehalten. Ich wusste, dass Francesco diese zwei besonderen Wörter nur für mich bewahrt hatte und dass ich noch nie einen Freund gehabt hatte, der mich so liebte, wie er. Zum ersten Mal in meinem Leben fühlte ich mich von einem Mann beschützt, umsorgt und wahrhaft geschätzt. Ohne dass ich ihn darum hätte bitten müssen, trug Francesco meine Einkäufe von einem Ende der Stadt ans andere und auch noch die sechs Treppenabsätze hinauf. Er lief meilenweit durch den Regen, nur um mir einen Schirm zu bringen, den ich vergessen hatte, weil er wusste, dass ich ohne ihn bei einem Abendessen, zu dem er nicht einmal mitging, wie eine gebadete Maus aussehen würde. Er arbeitete zwei Tage durch, um mir die Wäsche von Dolce & Gabbana kaufen zu können, die ich eines Abends im Schaufenster des Ladens gesehen und bei deren Anblick ich geseufzt hatte: „Wenn ich mal reich bin, werde ich mir die als Erstes kaufen." Außerdem empfing er mich mit Blumen und *taralli* am Bahnhof, als ich anreiste, um seine Familie kennen zu lernen. Wir haben schon Winterwochenenden in Venedig verbracht, mit bis zu den Ohren hochgeschlagenen Jacken und Martini Bianco in einer Nische vor dem Caffè Florian. Aber auch laue Sommernächte im römischen Theater von Fiesole bei Wiederholungen von Bertoluccis „Novecento". Anschließend rasten wir mit Wind in den Haaren und Sonnenschein im Herzen den Hügel nach Florenz hinunter. Wir haben uns schon mitten in einer kalten Winternacht stundenlang unter vielen Decken geliebt und bei jedem kalten Luftzug, der unsere Haut streifte, vor Lachen gequiekt. Und Francesco, der noch nie zuvor ein Flugzeug bestiegen hatte, nahm 31 Stunden Flug auf sich, als er es während meines sechswöchigen Besuchs daheim in Australien nicht ohne mich aushielt. All das und dazu diese tiefe, raue Stimme, mit der er sagt *„Grazie a Dio che esisti"* (Gott sei Dank gibt's dich) – that's amore.

Sexy fountain, Bologna

il mercato

Der Markt

figs, Florence

Lady Selling fruit and veg, Spaccanapoli

Ich drücke die schwere Holztür auf, die von meiner Wohnung auf die Via Maggio hinausgeht. Es ist ein klarer Frühlingsmorgen in Florenz – blauer Himmel – und es geht eine ganz leichte kühle Brise. *Motorini* knattern vorbei, zwei, drei nebeneinander, dicht gedrängt tauchen sie in den fließenden Verkehr ein und wieder hinaus. Auf dem Weg Richtung *centro* und über den Ponte Santa Trìnita. Die Sonne spielt mit den schmiedeeisernern Gittern, den *ferro battuto*, die jedes florentinische Fenster schmücken und hübsche Schatten aufs graue Kopfsteinpflaster werfen. Meine erste Anlaufstelle ist das Caffè degli Artigiani auf der Piazza della Passera, wo mich die Scherze der Handwerker aus dem Viertel, die sich an der Bar versammelt haben, empfangen. Ich verzehre eine warme Brioche und schlürfe einen Cappuccino und lausche dem leisen Klingeln der Tür hinter mir. Als ich um die Ecke zur Piazza Santo Spirito biege, schallen die Glocken von Santa Felìcita durch ganz Oltrarno – und der morgendliche Markt ist bereits in vollem Gange. Popi zieht mich schon eine ganze Weile damit auf, dass ich bereits alle Gewohnheiten der Italiener angenommen hätte, denn es zieht mich morgens einfach unwiderstehlich in eine Bar und auf den Markt.

Auf der Piazza Santo Spirito haben Giovanna, Bruno, Giuseppe, Leopoldo, Signora Bianco und Michele ihre *bancarelle* (Marktstände). Ob Regen, Hagel oder Sonnenschein – sie bieten *pomodori, rucola, lattuga, aglio, cipolle* und *spinaci*, gewachsen in den Hügeln der Umgebung, auf diesem kleinen Markt feil.

Diese *venditori* gehören zu den tausenden Italienern, die ihr Tagwerk in den frühen Morgenstunden beginnen, um frischeste Früchte, Gemüse, Fische, Fleisch und Käse auf die Märkte zu bringen, ohne die die italienische Küche nicht existieren könnte. Im ganzen Land, in Dörfern wie in Großstädten, ob überdacht oder unter freiem Himmel, beginnt der Tag auf den lokalen Märkten. Die Waren werden einfach und zugleich so geschmackvoll präsentiert, dass jeder „Vogue"-Stylist neidisch werden könnte: polierte Tomaten sind zu Pyramiden aufgeschichtet, saftige Oliven – grün und schwarz, mit und ohne Marinade – glänzen in offenen Gefäßen oder stehen in altmodischen Blechkanistern zum Verkauf, von denen Frauen vom Typ Sophia Lorens herunterlächeln. Frische Meeresfrüchte auf leuchtend blauen und roten Tabletts werden immer wieder mit Wasser besprengt. Weiche *mozzarella*, gereifter *pecorino romano, parmigiano, burrata Pugliese* und *marzolino* werden in riesige Scheiben geschnitten und aufgestapelt. Die Luft durchzieht der würzige Duft von Basilikum, Petersilie und Rosmarin. Es herrscht ein reges Treiben, in dem die Einheimischen den neuesten Klatsch und Kochrezepte austauschen.

An diesem Morgen fühle ich mich etwas unbehaglich, weil Giovanna mir die Feinheiten der Zubereitung toskanischer *fagioli* erläutert, während eine Reihe anderer Kunden geduldig hinter mir steht. Giovanna gestikuliert, als würden ihre Hände tatsächlich gerade Knoblauch schneiden, die Bohnen abgießen und eine Orange auspressen. Sie hebt vielsagend die Augenbrauen, während sie mir einschärft, die Bohnen zwar weich, aber „nicht so weich, dass sie auseinander fallen" zu kochen. *„Hai capito?"*, fragt sie, offenbar zweifelnd, ob ich mir alle Kniffe wirklich genau eingeprägt habe. Ich werfe der *signora* neben mir einen unsicheren Blick zu und entschuldige mich. Doch sie beugt sich vor, legt eine Hand auf meinen Arm und meint: *„Non c' è fretta"* – es eilt nicht. Also repetiere ich noch einmal die Details vom Kochen, Abschütten und Erhitzen der weißen

Bohnen in Olivenöl – in der beruhigenden Gewissheit, dass Giovanna jedem einzelnen der Kunden hinter mir die gleiche Zeit und Fürsorge widmen wird.

Mein Sellerie, meine Karotten und Äpfel werden liebevoll in braune Papiertüten gebettet und mir so vorsichtig ausgehändigt, als handele es sich um rohe Eier. Es vergeht kaum ein Morgen, an dem zum Gemüse nicht noch ein Kochtipp mitgeliefert wird – eine einfache Methode, Rote Bete zu putzen oder Tomaten so zu blanchieren, dass sie sich besonders leicht schälen lassen, oder eben ein Lieblingsrezept, wie das von Giovanna heute früh. Am Schluss packt sie mir jedes Mal ein Kräutersträußchen ein – heute sind es Basilikum und Petersilie. Ich bestehe dann darauf, es zu bezahlen, während sie mich mit einem liebevollen Blick verscheucht und dazu murmelt: *„Vai, bella, domani, domani."*

Ich lebe zwar in Florenz, aber mein Herz habe ich an Märkte in ganz Italien verloren. Wenn ich die Augen schließe, rieche ich den Duft von frischem Kaffee und höre das Lachen der temperamentvollen *napoletani*, die ihre Waren auf einem meiner Lieblingsmärkte ausladen. Die Sonne war gerade erst über dem Vesuv und der Bucht von Neapel aufgegangen, als ich einen Mann, der Totò (dem Lieblingsschauspieler Neapels) zum Verwechseln ähnlich sah, fragte, wo ich einen guten Kaffee bekommen könnte. *„Carraturo"*, krächzte er. Seine Worte waren wie das Echo jahrelangen Zigarettenkonsums. *„Cara, prova anche le sfogliatelle, sono buone li"* – wenn du da bist, probier auch gleich die *sfogliatella*, die schmecken dort gut – rief er mir noch nach, während er sich bereits die nächste Marlboro anzündete und mit seiner Vespa, die auch schon bessere Tage gesehen hatte, wieder losknatterte. Ich gelangte zu den Straßen rund um Porta Nolana und betrat Carraturo, wie mir geheißen. Es schien, als habe sich der halbe Markt bereits in diese Bar gezwängt. Himmlisches frisches Gebäck mit Puderzucker lag verlockend aufgereiht unter Glas. Ich schob mich auf einen der Hocker nahe der Bar und schlürfte die süße, schwarze Flüssigkeit, die man

telli Pescatori

TROPEA
FRESCA
4,00€
AL KG

…, Knollen und Apfel werden liebevoll in braune Papier-
tüten gepackt und so vorsichtig überreicht, als wären es rohe Eier.

Columns at Rialto Market, Venice

Tuesday market
alle cascine,
Florence

The boys selling contraband cigarettes, Naples

Marlboro

in Neapel *caffè* nennt, becircte den *barista*, der einem harmlosen Flirt nicht widerstehen konnte, und inhalierte den Duft von süßem *ricotta*-Gebäck. Als ich zahlen wollte, ließ mich die *signora* an der Kasse wissen, dass einer der Jungs vom Markt das im Hinausgehen bereits erledigt hatte. Willkommen in Napoli!

Der berühmteste Markt Neapels ist riesig, sehr sinnlich und findet unter freiem Himmel statt. Laute Stimmen, die die Preise der heimischen Spezialität *polpi* (Tintenfisch) ausrufen, schallen durch die Gassen. Gelächter und Fröhlichkeit liegen in der Luft, während Wasser die lebenden *cozze, vongole* und *scampi* kühlt, die sich in den leuchtend bunten Schalen tummeln. Reihenweise beste Früchte der Saison und knuspriges Brot, aufgestapelt wie Ziegel, formen ein spiralförmiges Türmchen auf den Verkaufstischen. Kleine einfache Cafés zwängen sich zwischen die *bancerelle* und servieren den heißen, starken, schwarzen Kaffee, den Neapel und sein *acqua* berühmt gemacht haben. Kellner schwirren mit Tabletts voller Espresso in kleinen Gläschen über den Markt. Auf besondere Weise gefaltete kleine Servietten dienen dabei als Deckel. Tische mit Schmuggelzigaretten sind locker zwischen Mozzarella, Zucchini, Blumen und Seezungen verteilt. Mit zwei oder drei Personen besetzte Vespas schieben sich durch das Gedränge und wieder hinaus, wobei sie den mit Taschen beladenen Marktbesuchern geschickt ausweichen. Dunkelhaarige Schwerenöter verkaufen alles Erdenkliche. „Aschpettttt!", ertönt ihr Ruf, wenn sie nach hinten eilen, um etwas hervorzuholen, was sie für ihren besten Kunden reserviert haben.

Gegen neun hat das Treiben auf dem Markt seinen Höhepunkt erreicht. Die Stimmen der Fischhändler überschlagen sich. Einheimische und Touristen drängen sich durch die engen Gassen. Neapels Märkte ziehen mit ihrer Bodenständigkeit und ihrer *gioia di vivere* Reisende schon seit Jahrhunderten in ihren Bann. An jenem wunderbaren Frühlingsmorgen zählte ich zweifellos zu einem ihrer Opfer.

Der lokale Markt verrät viel über den Charakter einer italienischen Stadt. Und jeder von ihnen ist absolut einzigartig. Wenn Sie zur gleichen Stunde in Bologna über den Markt schlendern, werden Sie verstehen, was ich meine. Dort geht es nämlich sehr elegant zu. Der einstige Markt unter freiem Himmel in den Straßen rund um die Via Caprarie hat sich in eine Ansammlung schicker, kleiner Läden mit offenen Auslagen verwandelt. Die Bologneser lieben ihre Küche und sind stolz auf ihre Tradition und ihren Ruf. *Le donne* kleiden sich hier sehr damenhaft: Im Winter sieht man zwischen den strahlenden Pyramiden aus Erdbeeren, Paprikas und riesigen Parmesanrädern Hermelinmäntel mit dazupassenden kleinen Pelzkappen, Slingpumps von Ferragamo, Glacéhandschuhen mit Kaschmirfutter und Einkaufstaschen von Hermès. Mortadella, Salami und Provolone hängen in Läden wie Tamburini und Simoni wie überdimensionale Trauben von der Decke. Elegante Cafés säumen die Straßen rund um den Markt, und Kellner mit weißen Jacken servieren den Bolognesern auf dem Heimweg den Kaffee. Alles scheint im Übermaß vorhanden, ganz wie es dem verschwenderischen Lebensgefühl der Stadt entspricht.

In Florenz erklingt zur gleichen Stunde der berühmte florentinische Akzent, der ein C wie ein H ausspricht, während sich die *macellai, ortolani* und *peschivendoli* – Metzger, Gemüse- und Fischhändler – für den Tag rüsten und sich über die Gänge des Mercato Centrale hinweg lautstark unterhalten. Es ist bitterkalt, und man sieht niemanden ohne Mütze, Schal, Handschuhe und dicke Jacke. Alles drängt sich um die Bar Piero mit ihren dampfenden Caffè-Latte-Gläsern. Das sorgt für das typische Kameradschaftsgefühl an einem kalten Wintermorgen. „*Come sei hhharina?*“, tönt es aus der Nähe der *pescheria*, als ein hübsches Mädchen vorbeigeht. Der Mercato di Sant' Ambrogio und der Mercato Centrale in Florenz sind zwar nicht so elegant wie der Markt in Bologna, aber mindestens ebenso schön. Man spürt einfach, dass den Florentinern nichts über den Stolz auf die

PESCHERIA

Fish market, Naples

christmas tree delivery

Naples

Naples

Naples

Naples

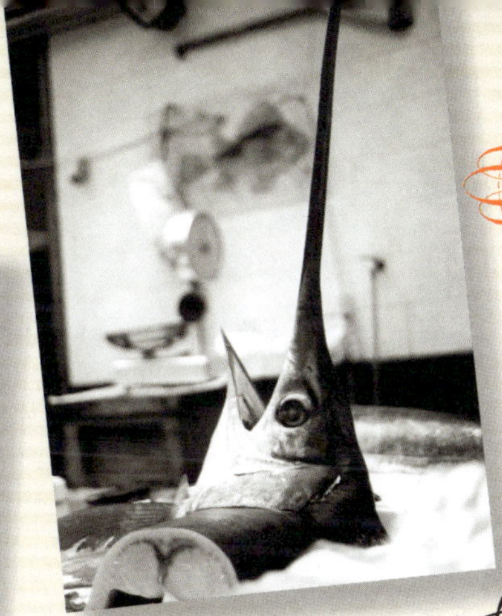

Mercato centrale, Florence

Naples

artichokes, Trapani

eigenen Produkte und die heimische toskanische Küche geht. Deshalb hält mich auch ein eiskalter Wintermorgen nicht davon ab, in diese ganz besondere Welt einzutauchen. Und wenn es nur für eine Stunde ist. Ich komme allein schon, um zu hören, wie man hier *cocomero* – Wassermelone – sagt. Denn nur in der Toskana ist die Wassermelone eine fremde Frucht mit dem exotischen Namen „hohomero", und nur hier ist ein süßes Mädel eine „harina", keine *carina*.

Venedig wiederum hält ein ganz anderes Erlebnis für morgendliche Marktgänger bereit, das man noch dazu mit Hilfe der preiswertesten Gondelfahrt der Stadt verbinden kann: vom Santa-Sophia-Kai zum Markt in der Nähe des berühmten Ponte di Rialto. Stehend und leicht schwankend überquert man dabei den Canal Grande mit seinen morbiden *palazzi* und dem smaragdgrünen Wasser – die wohl schönste Art, sich einem Markt zu nähern, zumal für einen Schnäppchenpreis. Leuchtend rotes Segeltuch, bunte Fahnen, grellweißes Eis und rosiger Lachs, all das wirkt blass im Vergleich zu den venezianischen *pescivendoli*, die lautstark um Kunden werben. Selbst Schnee und strömender Regen können der herzerwärmenden Atmosphäre nichts anhaben, die die *venditori* in ihrem Zauberreich unter den Säulengängen nahe der Rialtobrücke erzeugen. Schöne, in die Säulen gemeißelte Frauen wachen seit mehr als sechshundert Jahren über das tägliche Treiben auf dem Markt.

Im Sommer 2003 bat ich Francesco, mich auf den Markt von Bari, nicht weit von seinem süditalienischen Heimatdorf, mitzunehmen. Es war August und insgeheim fürchtete ich, der Markt wäre vielleicht geschlossen und ich würde so einen der berüchtigsten Märkte des Südens versäumen. Wir standen früh auf und fuhren in die malerische Altstadt: weiße Ziegelhäuser an weiß gepflasterten Straßen; neben jedem Hauseingang eine Nische mit einer bunten Madonna oder einem San Nicola (dem Schutzpatron der Stadt); auf den Straßen spielende Kinder und in der Luft der Geruch von frischer Wäsche. Wir schlenderten hinunter zum Hafen, wo sich in einem alten Gemäuer seit langer Zeit der berühmte Fischmarkt befindet.

Da *pesce* und *frutti di mare* wichtige Zutaten der Mittelmeerküche sind, findet man in süditalienischen Ortschaften eigentlich immer einen großartigen Fischmarkt vor. An jenem feuchtheißen Augustmorgen hatten wir es gut getroffen. Eine Gruppe von Fischern saß draußen auf der Mole und putzte lachend und plaudernd Muscheln und Oktopus. Wasser plätscherte aufs Pflaster, alles war so blau – blaue Eimer, blaue T-Shirts, blaue Augen – als hätten die Fischer ein bisschen Meer und blauen Himmel mit auf den Markt gebracht. Ich musste diese Szene unbedingt fotografieren und fragte höflich um Erlaubnis. *„A voglia te!"* – so viele du willst – antwortete der Älteste. *„Stai attenta, sono così brutti che romperanno il tuo obiettivo"* – aber sei vorsichtig, denn sie sind so hässlich, dass dein Objektiv davon kaputtgehen wird – fügte er noch lachend und mit einer Handbewegung zu seinen Freunden hinzu.

Dann packte dieser Schalk (mit Augen, die noch blauer als meerblau waren) einen lebendigen Oktopus und scherzte: *„Non c'è nessuno bello come me qui. Fai la foto, bella"* – Es gibt keinen Schöneren als mich. Also mach dein Foto, Schöne. Dabei spiegelte sich in seinen Augen der gleiche eigentümliche Glanz wie bei Giovanna, wenn sie mir am Santo Spirito ein Bund *prezzemolo* (Petersilie) in die Tasche steckt, oder bei Beppe, dem Käseverkäufer von Sant' Ambrogio, wenn er ein frisches Stück *marzolino* über die Theke schiebt. Den gleichen verschmitzten Blick hat Gennaro, der jeden Morgen Scampi in Tüten aus Zeitungspapier steckt und dabei jeder hübschen Frau, die vorbeikommt, *caffè* und *sfogliatella* (halbmondförmiges Gebäck mit süßer *ricotta*-Füllung und Zimt) anbietet. In diesem Strahlen liegt so viel Wärme und Freundschaft – kein Wunder, dass ich damals wieder ein kleines Stück meines Herzens an all die Italiener verlor, die einen Großteil ihres Lebens auf dem Markt verbringen.

blue tubs, blue T-shirts, blue eyes — Bari

Neptune from
Trevi Fountain –
Rome

al bar

In der Bar

Laying tables at Gilli Caffe, Florence

LAVAZZA

ISOLABE
VERMOUTH

Der graue Fußweg glitzert schwarz vom Regen. Golden spiegelt sich das Licht der Straßenlaternen darin. Es ist noch früh, etwa vier Uhr nachmittags, aber Florenz hüllt sich schon fast in Dunkelheit. Die Glocke bimmelt leise, als ich die Tür zu Pasquales Bar öffne. Die Wärme ist verlockend, auch wenn es drinnen recht eng zugeht: Der *falegname* (Zimmermann) aus dem Viertel steht rauchend an der Theke, außerdem sind da noch eine *signora* im Pelzmantel mit passender Kappe, Giorgio vom Fotolabor um die Ecke und Pasquale hinter dem *banco*, dem Tresen. Der Duft von frisch gemahlenem Kaffee und der Zigarettenrauch schweben wie eine Wolke über ihnen. Alle möglichen Arten von *caffè* in verschiedenen *tazze* und *tazzine* stehen auf der Bar. Die *signora* hat einen halb getrunkenen Espresso vor sich; der falegname trinkt *caffè lungo* (schwarzen Verlängerten); Giorgio nippt an einem *caffè macchiato*. Man diskutiert die politische Weltlage, beschreibt dazu mit den Zigaretten Kreise in der Luft und gestikuliert synchron zum Gesagten. Es ist die Stunde von *il salotto*, wenn das Tagwerk fast getan ist und das Tempo in den italienischen Bars endlich langsamer und die Atmosphäre ruhiger wird. Nun nimmt man sich Zeit für andere – Gespräche können dann Stunden dauern.

Pasquale beugt sich über den Tresen und nimmt meine Hände in seine, um sie zu wärmen und mich zu begrüßen. *„Allora bella mia, è abbastanza freddo per te?"* Mein *caffè macchiato* wird inzwischen unaufgefordert serviert. Ich weiß nicht mehr genau, wann und aus welchem Anlass ich Pasquales Bar am Borgo Pinti zum ersten Mal betreten habe. Ich weiß nur noch, dass ich die Schlichtheit und Unverfälschtheit, fern vom Rummel im Zentrum der Stadt, vom ersten Augenblick an liebte.

Die Bar nimmt die ganze Breite des Lokals ein. Dahinter spiegeln sich die Flaschen mit typisch italienischen Spirituosen: Sambuca, Strega, Punt-e Mes, Martini Bianco und die toskanische Spezialität Vinsanto. Es gibt vier kleine Tische mit unterschiedlichen Decken für Sommer und Winter. Außerdem liegt immer je ein Exemplar von „La Nazione" und „La Repubblica" aus. Die Stammgäste kommen aber weniger wegen der Einrichtung als vielmehr wegen Pasquale und seinem Bruder Antonio. Denn Pasquales Bar in Florenz ist einer der Orte, an denen man sich einfach zu Hause fühlt. Zu welcher Tages- oder Jahreszeit, in welcher Stimmung auch immer ich eintrete, sobald ich Pasquales freundliche Stimme *„Harlina"* (da ist er wieder, der typisch florentinische Akzent) sagen höre, bin ich schon daheim.

Pasquale ist Historiker, Gesellschaftskommentator, *barista* und ein sehr großzügiger Mensch in einem, der noch dazu wunderbaren *caffè* braut. An den Tresen seiner Bar gelehnt und *caffè macchiato* schlürfend habe ich erfahren, in welcher Straße der Schrifsteller Vaco Pratolini gelebt hat, und wie es war, als der Arno im Jahr 1966 über die Ufer trat und Florenz fast fortgespült hätte. In dieser Bar habe ich auch Italienisch gelernt, indem Pasquale mir geduldig ein Wort nach dem anderen entlockte, niemals über meine sonderbare Aussprache lachte und mir Beifall zollte, wenn ich tatsächlich einmal etwas richtig sagte. Pasquales Bar ist ein Club, für den man keine Mitgliedschaft braucht – es gibt für mich kaum etwas Schöneres, als schon beim Hereinkommen die Kaffeemaschine fauchen zu hören und die Stammgäste zu sehen, die, wie ich, einen Teil ihres Tages bei Pasquale verbringen.

CAFFE

Caffè Bianchi

Gleich bei meiner Ankunft in Italien war ich fasziniert von Menschen wie Pasquale und der herrlichen Atmosphäre, die sie von ihrem Platz hinter der Bar aus zu erzeugen vermögen. Als ich mitbekam, dass die meisten Italiener ihr Frühstück (*colazione*) in einer Bar einnehmen, tauschte ich zunächst zaghaft, dann aber mit vollster Überzeugung, Cornflakes und kalte Milch gegen frisch zubereitete, noch warme Brioche mit Marmeladen-, Schoko-, Apfel- oder Vanillefüllung und cremigen Cappuccino.

Durch einen Seiteneingang schlüpfe ich seitdem ins Rivoire auf der Piazza della Signoria und lasse die Pracht der verzierten Lüster, das süße Aroma von Schokolade, frischem Gebäck und gemahlenem Kaffee auf mich wirken. Jeden Tag koste ich eine Brioche mit einer anderen Füllung und trinke dazu einen Cappuccino. Im Minutenrhythmus füllt und leert sich die Bar. *Signori* auf dem Weg zur Arbeit nehmen an der Bar im Stehen ihr *colazione* ein. Bei noch warmem Gebäck besprechen sie die neuesten Ereignisse ihres Lebens mit dem *barista*, sie erzählen ihm von Plänen für die Sommerferien, einem neu geborenen Baby oder natürlich *il nuovo amore*. Die klackernden Geräusche von Untertassen, die auf dem Marmortresen verteilt, von Tassen, die sanft wieder abgestellt werden, und von Löffeln, die an Porzellan schlagen, bilden eine beständige vertraute Geräuschkulisse. Die Espressomaschine arbeitet im Akkord, während Kellner in weißen Jacken mit einem freundlichen *„buongiorno, bellina"* und einem Lächeln auf den Lippen die Tür für neue Gäste öffnen.

Gerade mit Neuankömmlingen sind die Kellner sehr nachsichtig. Popi hatte wirklich Recht, als sie mir sagte, vor allem die *camerieri* und *barista* im Rivoire seien wirkliche *signori*. Sie servierten mir anfangs geduldig einen Cappuccino nach dem Mittagessen, ohne mit der Wimper zu zucken oder mich zu belehren, dass man in Italien Kaffee mit Milch nur morgens trinkt. Sie erklärten mir jedoch, dass ein *vetro* (Glas) nicht vom Geschmack des Kaffees ablenkt und dass ein *caffè macchiato* in einer *tazze* statt in einer *tazzine* serviert viel zu schnell auskühlen würde. Sie merkten sich meinen Namen, kümmerten sich schon beim Hereinkommen um mich und steckten mir beim Hinausgehen ein kleines Schokoladenherz zu. Frühstück zu Hause kam für mich nicht mehr in Frage, nachdem ich die verlockende Welt des Rivoire entdeckt hatte.

Was mich an Bars, ganz egal wie prachtvoll oder schlicht sie auch sein mögen, neben den kleinen Köstlichkeiten aber am meisten anspricht, ist die große Wahrscheinlichkeit, mit anderen Menschen ins Gespräch zu kommen. Sei es mit dem *barista*, der das gewünschte Getränk serviert und auf einen kurzen Plausch innehält, oder mit einem *signore*, der gerade seinen *aperitivo* nimmt. Das funktioniert in Rom, Neapel, Turin, Venedig und selbst im kleinsten Dorf in den Hügeln der Toskana oder in der Ebene von Puglia.

Als meine Eltern mich im Jahr 2003 in meiner neuen Heimat Italien besuchten, war mein Vater von den Bars ebenso fasziniert wie ich. Er fand es toll, dass die Einheimischen ihre Bars regelrecht bewohnen und in vielerlei Hinsicht nutzen – nicht ausschließlich als Café oder Pub oder Weinlokal, sondern als eine Mischung aus allem. Um drei Uhr nachmittags konnte meine Mutter dort einen Kaffee trinken, mein Vater ein Glas Rotwein oder einen *amaro* und ich mein Lieblingseis – *nocciola* – essen.

Dad war überzeugt, das Zentrum der Zivilisation entdeckt zu haben, als wir an einem warmen Sommerabend gegen sieben Uhr das Rivoire betraten. Dort war alles für den *aperitivo* bereit, also jene Gelegenheit, wenn Italiener für *qualcosa da bere* – etwas zu trinken – und zu einem kleinen Imbiss in die Bar streben. Teller mit Pasta, marinierte Oliven, delikate Saucen, *panini* im Miniformat mit köstlichem Trüffelgeschmack, *prosciutto, pecorino, patatine* und Nüsse werden am frühen Abend unaufgefordert serviert, und zwar in praktisch jeder Bar, ganz gleich wo in Italien. Als mein Vater dann den ersten Schluck von seinem 98er-Brunello nahm, konnte ich ihm ansehen, dass er einen Moment lang ernsthaft erwog, seinen Lebensabend in einer kleinen schmucken Wohnung irgendwo in Italien zu verbringen.

Durch die wunderbaren Geschichten von *baristi* wie Pasquale lernte ich auch ein Italien kennen, das es so gar nicht mehr gibt. Ein Italien, in dem man noch an einem heißen Augusttag im Arno baden konnte und in dem Familien in den kleinen Gässchen um Santa Croce lachend beim Essen im Freien saßen. Zu jener Zeit versammelten sich die *contadini* (Bauern) auf der Piazza del Duomo, um zu sehen, ob die Ostertaube (*colombina*) in den Himmel aufstieg oder herabstürzte, denn das verhieß gutes oder schlechtes Gedeihen der kommenden Ernte. Und in den Hügeln der Toskana roch es an warmen Septembermorgen nach *salsicce e fagioli*, dem typischen Mittagessen der Arbeiter.

Es waren auch die *baristi*, die mir verrieten, in welcher Kirche nahe La Forcella in Neapel ich den berühmten Caravaggio finden oder wo ich in Venedig die besten *polpette* (Fleischbällchen) essen könnte. Sie kannten den verschlungenen Weg zur Pizzeria Da Michele, wo die beste Pizza von Spaccanapoli serviert wird, erklärten mir die Bedeutung von *„Sapore di mare"* – den Geschmack des Meeres – und sämtliche liebenswerten und komischen Eigenheiten ihrer jeweiligen Heimatstadt. Sie zeichneten mit feinem Kakaopulver ein lächelndes Gesicht oder ein Herz in meinen Cappuccino, wenn ich frustriert war oder mir Tränen über die Wangen liefen. Sie servierten mir kleine Leckereien zum Drink, munterten mich auf, brachten mich zum Lachen und schenkten mir wahre fotografische Glücksmomente, indem sie mir einen geheimen *cortile* hinter einer unscheinbaren toskanischen Mauer oder einen fantastisch gestalteten Hauseigang zeigten. Und sie traten sofort aus ihrer Bar, um einen

Pasquale

Paskowski barmen, Florence

cute barmen, Carraturo, Naples.

Barmen Gambrinus Caffe, Naples

Making my cappuccino, Carraturo

Massimo @ Rivoire

Seit ich so zauberhaften
Bars wie dem Rivoire
hoffnungslos verfallen
war, frühstückte ich nur
noch selten zu Hause.

ihrer Freunde herbeizupfeifen, der mich zu einer kleinen Piazza führte, wo sich eine neonbeleuchtete Madonna befand, die ich allein nie gefunden hätte. Und sie wiesen mir den Weg zu den allerbesten Granita-Ständen oder zu einer *piazetta*, wo eine alte Dame im Licht der späten Nachmittagssonne sagenhaft gute, handgemachte *orecchiette* zubereitete.

Dank sei *i baristi* in ganz Italien, die mir geholfen, die mich so vieles gelehrt haben und die mir ein Land zeigten, das ich ohne sie nie entdeckt hätte. Ihnen allen (und vor allem Pasquale) – ob an der äußersten Spitze Siziliens oder an der Grenze zur Schweiz – sage ich herzlichen Dank: für euren *caffè*, eure *sfogliatelle*, eure Brioche und *panini*, euer Lachen, eure Geschichten und eure Freundschaft. Ihr habt es mir leicht gemacht, Italien zu lieben!

Silvia - Gilli caffe
Florence
CONFETTERIA
BONBONS FONDANTS
CIOCCOLATA
CARAMELLE
THE
SERVIZIO SPECIALE
PER
MATRIMONI

l'estate

Sommer

Rocco ferries us to Laurito

Die letzten Spuren von *primavera* und seiner kühlen Brise sind Vergangenheit, und die Wärme der toskanischen Sonne verbannt dicke Jacken, langärmlige Hemden und warme Hosen für diese Saison in den Kleiderschrank. Ich sitze auf meinem Fahrrad, genieße die Sonne auf dem Rucken und warte darauf, dass die Ampel an der Viale Europa umspringt, als eine wunderschöne Frau mit tief ausgeschnittenem Top, wehenden dunklen Haaren und langen Beinen, die in hübschen Sandalen stecken, daherkommt. Das Geräusch quietschender Reifen mischt sich mit dem Protesthupen anderer Autofahrer.

Einige Fahrer haben offenbar den Blick von der Straße genommen und ihn etwas zu lang auf der schönen Passantin ruhen lassen. Ich male mir aus, wie es wäre, wenn die Nackenmuskeln der Männer ein Geräusch von sich gäben, sobald sie ihre Köpfe nach ihr drehen. Wie so viele andere jungen Frauen hat auch diese sich beim ersten Vorgeschmack des Sommers für etwas Freizügigeres entschieden. Die Brünette flaniert *ancheggiando*, also mit jenem besonderen Hüftschwung, den nur Italienerinnen zu beherrschen scheinen, vorbei und genießt sichtlich die Aufmerksamkeit und das Durcheinander, das sie mit ihrem Erscheinen verursacht. Als sie in einen Fußgängerweg abbiegt, meint man einen kollektiven Seufzer zu vernehmen, da sich nun alle wieder ihrer eigentlichen Beschäftigung, dem geordneten Chaos, das die Einheimischen ganz nüchtern Autoverkehr nennen, zuwenden können.

Solche Beinahe-Unfälle häufen sich, wenn der Sommer naht, die Tage länger und die Kleider kürzer werden. In den kommenden Monaten wird das Bremsen, um ein Paar schöner Beine in kurzem Rock zu bewundern, eine schmale Fessel oder ein Dekolleté, das ein Oberteil zu sprengen droht, zur Gefährdung des italienischen Straßenverkehrs führen.

Der Sommer ist die Jahreszeit, in der das überschäumende Temperament der Italiener am besten zur Geltung kommt. In den kalten Wintertagen und -nächten träumen sie von einem langen heißen Sommer. Sommerurlaub, den man grundsätzlich im August macht, ist für die meisten Italiener gleichbedeutend mit *il mare*. Etwa ab Ende Mai kursieren in den Bars die Überlegungen hinsichtlich der verschiedenen Destinationen und der dort möglichen Aktivitäten. Bei einem nachmittäglichen Campari entscheidet sich dann, ob man in diesem Jahr ein neues Reiseziel erwägt oder doch wieder an *il solito posto* zurückkehrt, wo man schon immer Ferien gemacht hat. Wahrscheinlicher ist Letzteres. Dann reist man mit denselben Menschen, wohnt im selben Haus und trifft dort dieselben Italiener, die dort ebenfalls schon ihr Leben lang hinfahren.

In meinem ersten Sommer in Italien hatte ich noch keine Ahnung, wie eine italienische Stadt im August tickt. Ich hatte die Vorstellung, es sei wie in den meisten Städten der Welt – alles bliebe offen und das Leben würde seinen gewohnten Gang gehen. Ich sollte mich irren. Florenz mutierte zu einer Geisterstadt: Kleine rote, grüne und gelbe Schilder zierten die Rolläden fast eines jeden Geschäfts. Darauf stand zu lesen *„Siamo in ferie"* und die entsprechenden Daten, was hierzulande Vorschrift ist. In jenem ersten Sommer fand ich mich plötzlich ohne einen einzigen Film wieder, weil mein Stammgeschäft einen Monat lang geschlossen hatte. Auch bei meinem örtlichen Fotolabor fand ich eines Tages nur den Hinweis an der Ladentür, man sei in einem Monat wieder da. Meine

Cossies on the line, Forte dei Marmi

Sunbaking on the rocks, Giovinazzo

Karen & Joe

Fountain,
Villa Cimbrone,
Ravello

Sun-lover
Philippa

boats, Giovinazzo

Lieblingsbar für Wein und *panini*, I Fratellini, machte ebenfalls eines Tages den Rolladen dicht und blieb für einen Monat geschlossen. Die Stadt leerte sich und überließ nur die Touristen der glühenden Hitze auf der Piazza della Signoria und dem Ponte Vecchio.

In meinem ersten Italiensommer, als die Temperaturen immer höher kletterten und die Einwohnerzahl von Florenz vorübergehend immer deutlicher sank, beschloss ich, dass es nur einen Ausweg gab: sich den Italienern *al mare* anzuschließen. Ich führte zwei kurze Telefonate: eines mit meiner lieben Freundin Karen in Australien (sie wollte mich ohnehin besuchen. Die Verlockung eines Sommerurlaubs mitten im australischen Winter ist einfach unwiderstehlich) und ein zweites mit meiner sonnenhungrigen Schweizer Freundin Philippa (die ich an Popis Tafel kennen gelernt hatte). Karen buchte den nächstmöglichen Flug, Philippa nahm den nächsten Zug. Nachdem ich uns das letzte freie Dreibettzimmer im Maria Luisa, einer kleinen *pensione* in Positano an der Amalfiküste, gesichert hatte, stand unserer Reise ins Paradies nichts mehr im Weg.

Das kleine Städtchen Positano mit seinen zauberhaften bunten Häusern, die wie an den Fels geklebt aussehen, war fest in italienischer Hand. Vor allem am Strand war dies nicht zu übersehen. Fast jeden Morgen spazierten wir schwer bepackt den Hügel hinunter und schipperten mit einem kleinen Holzboot nach Laurito, um das Strandleben zu genießen. In Australien macht man das so: Man schleppt alles mit – Handtücher, Liegen, Schirm und Kühltaschen voll mit kalten Getränken und Sandwiches – verkriecht sich rasch unter den schützenden Schirm und genießt mit Glück ein paar Stunden draußen im Schatten, bevor der Wind auffrischt und alles mit Sand paniert. In Laurito war das anders: wir unternahmen sozusagen eine Zeitreise in einen Film der Fünfzigerjahre. Ordentlich aufgereihte bunt gestreifte *lettini* (Strandliegen), Sonne satt und

positano = paradise

SPECIALITÁ
D'ISCHIA
Marmellata di limoni
PERRAZZO

arriving at Sant'angelo, Ischia

jede Menge Italiener, die stundenlang in der Sonne braten, bis die Haut einen Mahagoni-Ton annimmt. Bikinis von Dolce & Gabbana, Blumarine und Versace werden zwei- bis dreimal pro Tag gewechselt, denn schließlich ist die *bella figura* im Urlaub ebenso wichtig wie zu Hause. *L'abbronzatura* wird zum Fixpunkt des Sommers und stellt nach der Rückkehr in die Stadt eines der wichtigsten Konversationsthemen dar. Als ich bei unserem ersten Strandbesuch nach einem Sonnenschirm fragte, erntete ich wissende Blicke – *è straniera*, sie ist Ausländerin – dann wandten sich die Einheimischen wieder ihrer Lieblingsbeschäftigung, dem Weiterbräunen, zu. Man verstand schlicht und ergreifend nicht, warum jemand sich überhaupt die Mühe machte, an den Strand zu kommen, wenn er dann sofort panisch unter einen großen Schirm flüchtete, der verhinderte, dass man braun wurde – einziger Sinn und Zweck des Strandbesuchs.

Pünktlich um 13 Uhr leerten sich die *lettini* und alle Sonnenanbeter begaben sich zu Da Adolfo, in das kleine Restaurant gleich hinter dem Strand. Das Lokal steht leicht erhöht und bietet so einen perfekten Blick aufs Mittelmeer. Die Aussicht wird auch nicht durch Fenster, Türen oder Wände behindert, da bei Adolfo nur ein schlichtes Blechdach die pralle Mittagssonne abhält, aber nicht die sanfte Brise. Aktuelle Versionen von Jacki O. und Brigitte Bardot in Caprihosen und mit kessen Kopftüchern trafen in Holzbooten von den Millionärsyachten ein, die vor der Küste vor Anker lagen.

„*Would you like to try some cheese from Piemont?*“, fragte uns Marco in gutem Englisch mit einem Teller voll Käse und Salami sowie einer Flasche Rotwein in den Händen. Marco war weder der Kellner noch der Wirt des Lokals, sondern nur ein Laurito-Fan aus Turin, der hier das zehnte Jahr in Folge mit seiner Frau und seiner Tochter Urlaub machte. Sie hatten ein paar Spezialitäten aus ihrer norditalienischen Heimat dabei, die sie bereitwillig an den Tischen rundherum anboten. „*Where are you girls from?*“, fragte er und wollte, ohne die Antwort abzuwarten, auch gleich wissen, wie lange wir in Positano bleiben würden. „Nur ein paar Tage", antworteten wir bedauernd im Chor. Und erzählten, dass wir weiter wollten, um die Amalfiküste kennen zu lernen. Marco lächelte verschmitzt, hob die Augenbrauen, stieß mit uns an und sagte dann mit dem wissenden Ausdruck von jemand, der hier schon vor langer, langer Zeit gestrandet ist: *„See you tomorrow"*.

Dann trat Kellner Alessandro in Surfershorts und barfuß an unseren Tisch, um uns die Empfehlungen des Tages zu nennen. „Lasst mich nur machen", meinte er und lag damit goldrichtig. Wir bekamen geschmolzene *mozzarella di bufala* auf frischen Zitronenblättern aus den Hügeln von Positano, die dem Käse ein dezentes Zitronenaroma verliehen. Dazu einen Krug Weißwein, der nach frischen Pfirsichen duftete. Danach gab es knusprigen Bandfisch – eine Mittelmeerspezialität –, erst ein paar Stunden zuvor gefangen und perfekt gegrillt. Während der Nachmittag langsam verstrich, genossen wir bis vier Uhr unser Mittagessen, nahmen anschließend wieder unsere Plätze am Strand ein, vergaßen die Welt um uns herum und vertrödelten die Zeit im und am klaren, smaragdgrünen Wasser.

Die Tage gingen nahtlos ineinander über und wir freundeten uns mit einigen Einheimischen an. Eines Abends boten die *ragazzi* von Laurito an, uns die Amalfiküste bei Nacht zu zeigen. Karen, Philippa, ich und sieben *napoletani* quetschten sich in ein altes Holzboot. Wir sangen den ganzen Weg bis Amalfi, der Mond leuchtete uns die Richtung, eine leichte Brise ließ unsere Haare im Wind wehen und ich empfand so etwas wie Liebe für diesen wunderschönen Ort. Als es Zeit wurde, nach Florenz zurückzukehren und „Pppppossssssitttano" zum letzten Mal ausgerufen wurde, hegte ich bereits sentimentale Gefühle für den zu Ende gehenden Sommer. Nachdem die Sonne hinter dem Hügel untergegangen war und das Wasser silbern aussah, inhalierte ich noch einmal den Duft nach

procession of the Madonna, Positano

Chatting - Giovinazzo

sleeping angel
Golfo di
S.Eufemia
Catanzaro
Nicastro
I.Stromboli
Stromboliccio
S.Vincenzo
Vibo Valentia
Tropea
G. di Gioia
S.Ferdinando
Nicotera
Maida
Filadelfia
Soverato
Marina di Catanzaro
Serra S.Bruno
Moliterno
Lagonegro
Latronico
Senise
Rotondella
Policoro
Scanzano
Montalbano
Armento
Aliano
Tursi
Sapri
Lauria
Rotonda

Zitronen und Salz. Diesen Geruch wollte ich für immer im Gedächtnis behalten. Ich nahm mir auch selbst das Versprechen ab, im nächsten Jahr an diesen paradiesischen Ort zurückzukehren.

L'estate ist mit Abstand meine Lieblings-*stagione*. Und das nicht nur, weil es zu dieser Jahreszeit warm ist und ich dann in den himmlisch-sanften Fluten des Mittelmeeres und des Tyrrhenischen Meeres baden kann. Ich liebe auch die *gioia*, die Freude, die dann in den kleinen Dörfern Süditaliens herrscht. Traditionell ist der Sommer die Zeit der *raccolto*, der Ernte. Dann fahren die Italiener ihre Feldfrüchte ein und feiern ein Jahr harter Arbeit. Das Dorffest, die *festa*, bildet den Höhepunkt der Saison; die Einheimischen genießen meist eine ganze Festwoche. Die Gassen und Plätze sind in dieser Zeit voll mit Buden, an denen heimische Produkte verkauft werden. Livemusik klingt durch den Ort, überall sieht man tanzende Paare.

L'estate ist aber auch die Zeit der Sommerliebe, der *amore estivo*. Man sieht Pärchen unter Straßenlaternen schmusen oder Händchen haltend am Strand spazieren gehen. Schließlich ist der Sommer die beste Jahreszeit, um jemanden kennen zu lernen, der nicht aus dem eigenen Dorf stammt.

Wenn die Liebenden sich dann zum Abschied sehnsüchtig zu winken und in ihre Heimatstädte oder -dörfer zurückkehren, überdeckt *il rientro* Italiens letzte Erinnerung an den vergangenen Sommer. Unzählige Taschen und Koffer werden gepackt, dann erfolgt der kollektive Aufbruch aller Urlauber nach Rom, Mailand, Florenz, Turin oder Bologna. Fernsehsender übertragen die große Rückreisewelle sogar live und zur besten Sendezeit. Dabei gleichen sich die Bilder von kilometerlangen Autoschlangen jedes Jahr, wobei es keine Rolle spielt, auf welche Stadt sich die Blechlawine zubewegt – die Auswirkungen von *il rientro* sind überall gleich.

„Quando sei rientrato?", „Come era il rientro?" und *„Io sono rientrato"* – so beginnen in den darauf folgenden zwei Monaten die meisten Gespräche in den Bars. Bereitwillig erzählt man sich, wie die Heimreise war, wie viele Stunden man im Stau steckte, wo man Urlaub gemacht hat. Jedes Detail ist interessant. *„Che bella abbronzatura"* ist dann ebenso geläufig wie *„Ciao bella"*. Frauen wie Männer bewundern gegenseitig ihren Teint – je dunkler die Haut, desto größer die Komplimente, mit denen man bedacht wird.

Als Australierin und Bewohnerin einer Stadt *sul mare* waren der Sommer und der Strand für mich immer eine Selbstverständlichkeit. Die australischen Sommer dauern ewig und die Sonnenwärme ist wie eine alte Freundin, nie allzu weit entfernt. Vielleicht kam mir deshalb der letzte Winter in Italien so unglaublich lang vor. Der Schnee auf den Bergen oberhalb von Florenz sorgte für eiskalten Wind, der die Pflanzen auf den Feldern erfrieren ließ und die eleganten Italiener zwang, an flackernden Kaminen Zuflucht zu suchen. Auch ich war einige Monate in meine Wohnung verbannt und sehnte mich schrecklich danach, endlich wieder hinauszukönnen. Da begann ich, vom Sommer zu träumen. Jedes Mal wenn ich mein Badezimmerfenster öffnete und ein Schwung arktischer Luft meine Wohnung füllte, stellte ich mir vor, wie ich auf Zehenspitzen den schmalen Holzsteg zum Strand von Laurito hinunterlief, um ins warme smaragdgrüne Wasser und zu den leuchtend bunten Holzbooten zu gelangen. Ich schloss die Augen, rief mir den Geruch von Salzwasser und Zitronen ins Gedächtnis, dazu ein Boot voll Neapolitaner, die sich unter einem silbernen Mond auf dem ganzen Weg nach Amalfi die Seele aus dem Leib singen. Danach wünschte ich mir einen italienischen Sommer, der nie zu Ende ginge.

S. RITA DA CASC

RENZE
STROZZI

gli italiani

Die Italiener

Signora Cipriani at Palazzo Gerini, Florence

San Marco, Venice

Ich staune nach wie vor über die Art, wie Italiener einander ansehen. Wie sie sich ungeniert anstarren, bewundern und abschätzen. Es ist nicht lange her, dass ich irritiert vor einer spiegelnden Schaufensterscheibe stehen blieb, um zu kontrollieren, ob auch wirklich alles in Ordnung war. Ich strich meine Haare glatt, sah nach, ob mein Busen nicht aus der Bluse quoll oder mein Reißverschluss offen war. Alles stimmte – aber warum starrten die mich nur alle so an? In Darlinghurst hätte ich praktisch nackt durch die Straßen laufen können, ohne viel Aufsehen zu erregen. Hier kommt schon der Verkehr zum Erliegen, wenn man nur das Haus verlässt. Gehe ich an zwei Männern vorbei, die ganz in ein Gespräch vertieft scheinen, geraten sie ins Stottern und verlieren den Faden, als sei gerade Cindy Crawford vorbeigerauscht. Anfangs blickte ich dann zu Boden, eilte an ihnen vorbei und tat, als würde ich nicht merken, dass sie lächelten und *complimenti* murmelten. Solche Reaktionen verwirrten mich einfach. Der Wechsel von unsichtbar zu sichtbar, einfach indem man in Sydney ein Flugzeug bestieg und es in Florenz wieder verließ, war in so kurzer Zeit schwer zu verkraften.

In Florenz wurde jeden Morgen, wenn ich die Wohnung verließ, mein labiles Ego wieder aufgerichtet. *„Che oggi belli“* – was für schöne Augen – begrüßte man mich in der Bar, *„bellezza in bicicletta“* hieß es, sobald ich über den Ponte Vecchio radelte, *„Come sei bella oggi“* – wie schön Sie heute sind – empfing man mich auf dem Heimweg im Laden an der Ecke. Jeder sagte mir, wie schön ich sei. Das war mir bislang so noch nie passiert.

Irgendwann hat sich dadurch auch mein Auftreten verändert. Statt wie bis dahin auf den Boden zu schauen, sehe ich Männern inzwischen so direkt in die Augen, wie Italienerinnen das tun. Hin und wieder lasse ich mich von einem charmanten Fremden, der dies höflich angeboten hat, auf einen Kaffee einladen. Männer eilen an meine Seite, um im Zug mein Gepäck auf die Ablage zu heben; an einem glutheißen Sommertag halfen sie mir in Venedig über den *ponte*; sie trugen mir Stühle nach draußen, damit ich mich setzen konnte. Und so haben sie ganz langsam die Frau in mir zum Vorschein gebracht, die jahrelang ein Leben im Verborgenen geführt hatte.

Nette Jungs (*bei ragazzi*) fanden sich in schöner Regelmäßigkeit vor meiner Tür ein und entführten mich auf den Rücksitzen ihrer *motorini*. Francesco, Marco und Salvo hielten mir die Tür einer Bar auf, bestanden darauf, mich nach Hause zu begleiten, wenn ich gehen wollte, und sahen es als Beleidigung an, wenn ich anbot, die Zeche zu teilen. Sie konnten mir von Odysseus' Fahrten berichten, als hätten sie die Reise selbst unternommen und kannten die Sagen all jener Götter der Antike, von denen ich höchstens die Namen kannte. Dafür hielten sie Rugby für eine ungewöhnliche Salatsorte, tranken lieber Rotwein als Bier und strichen mir übers Haar, wenn ich im Kino schluchzte.

Italienische Männer sind meiner Ansicht nach unvergleichlich. Alle Regeln, die ich über Dates und das Zusammensein mit Männern gelernt hatte, konnte ich hier schlicht vergessen, aber je länger ich in Italien lebe, desto mehr fasziniert mich ihr Flirtverhalten, die wirklich hohe Kunst des Werbens, scheinbar mühelos und sehr effektiv.

Als ich eines Tages in Rom am Bahnhof die Zeit totschlug und in einer Bar wartete, kam eine junge Frau herein. Eine Wolke Acqua di Sicilia, das mit dem

Duft von Orangen und Zitronen an den sizilianischen Sommer erinnert, folgte ihr. Sie setzte sich in meiner Nähe hin, zog ihre karierte Jacke aus und hängte sie sich anmutig um die Schultern. Außerdem trug sie einen weichen schwarzen Wollschal zweimal um den Hals geschlungen und schwarze Lederhandschuhe. Ihre Handtasche war ein Designermodell. Als sie sich anschickte, eine Zigarette anzuzünden, stürzten von überallher Männer mit Feuerzeugen herbei. Elegant hielt sie die Zigarette zwischen den Fingern und inhalierte langsam, wobei ihre Lippen den Filter geradezu liebkosten. Dann sah sie unter ihren Wimpern langsam auf und hauchte dem Auserwählten ein *grazie* zu. Im Ausatmen reckte sie Gesicht und Hals wie eine Ballerina, die sich zum Tanz bereitmacht. Die gesamte Bar verfolgte jede ihrer Bewegungen. Man hielt kollektiv inne, atmete aus und drehte die Köpfe, als beobachte man ein spannendes Tennismatch. Die junge Frau war zwar nicht im klassischen Sinne schön, doch wirkte alles an ihr so vornehm und präzise, dass sie eine besondere Aura erzeugte. Als sie ihre Zigarette zu Ende geraucht, die Jacke wieder angezogen hatte und die Bar verließ, schien das Licht auszugehen. Kleine Szenen wie diese ereignen sich tagtäglich irgendwo in ganz Italien – beim Rauchen einer Zigarette, beim Kauf einer Fahrkarte oder beim Warten in einer Bar. Lauter Gelegenheiten, am Nationalsport Flirten teilzunehmen.

Silvia, meine beste Freundin in Italien, ist die florentinische Ausgabe des Siebzigerjahre-Models Marisa Berenson. Sie gab mir einen ersten Eindruck von der angeborenen Eleganz der Italienerinnen. Zwei Dinge, die mich anno 1998 bei unserem ersten Zusammentreffen in einem Restaurant während eines Italienurlaubs sofort begeisterten, waren ihr Stil und ihre gesellige Art. Wie sie dort auf einem Eckplatz vor einem bunten modernen Fresko thronte, erschien sie mir als die geschmackvollste Frau, die ich je gesehen hatte. Ein weißes Jerseykleid aus den Siebzigern umschmeichelte ihre Kurven, riesige bunte

Mr Patu
(Patu in Puglia)

Ladies in Piazza della Repubblica

Silvia
in the foyer
of her office
(nice office!

Sarah in Palazzo Strozzi

adies
hatting in
rome

'elegance'
galleria
Umberto,
Naples

Perlen zierten ihr Dekolleté. An den Füßen trug sie silberne, mit Strass besetzte Sandalen. Eine Zigarette mit Perlmuttfilter steckte permanent zwischen ihren Lippen. Ihre hübschen Freundinnen Marta und Luciana vervollkommneten das Bild. Alle drei waren sonnengebräunt und strahlend schön. An jenem Abend bestanden die zwei wunderbaren Kellner Stefano und Ivan darauf, dass *tutte le belle ragazze* sich einen Tisch teilten. So nahm ein Abend voller Gelächter und Spaß seinen Lauf, während wir wild gestikulierend und radebrechend zu kommunizieren versuchten.

Als ich später nach Italien zurückkehrte und genug Italienisch gelernt hatte, um zum Telefon zu greifen und Silvia zu erklären, wer ich war, begann eine wundervolle Freundschaft. Silvia wurde mein Mode-Guru, meine Beraterin in Liebesdingen und *la mia amica.* Als Ausgangspunkt unserer Freundschaft hatten wir eine wichtige Gemeinsamkeit – wir sind beide absolute Fashion-Victims – und ich war im Designerhimmel gelandet. Es war eine süße Qual, an den Schaufenstern von Pucci, Miu Miu und Luisa Via Roma vorbeizuspazieren und zu wissen, dass ich nicht einfach reingehen und drauflos kaufen konnte.

Silvia lehrte mich die „italienische Art": *„Tacchi, tacchi e solo tacchi"*, Absätze, Absätze, nichts als Absätze, beharrte sie. Das Phänomen dabei: Silvia geht nicht nur mit hohen Absätzen, sie gleitet, schwebt, bummelt und rennt damit zum Zug. Silvia tut einfach alles mit Absätzen – und mit Stil: Sie knotet den Gürtel mit dem richtigen Maß an *buon gusto*, faltet und steckt ihr Halstuch à la Grace Kelly. Im Winter verzichtet sie zugunsten von schicken Mänteln mit Pelzbesatz an der Kapuze auf figurbetonenden Jersey, lässt die Stilettos für die neuesten Stiefelmodelle der Saison (mit Absatz natürlich) stehen und trägt statt Diamanten an den Fingern Handschuhe mit Kaschmirfutter.

Ihr wahres Geheimnis und das all der erstaunlich perfekt gestylten Italienerinnen ist jedoch zweifellos die Krönung ihrer Erscheinung: ihr Haar.

Giant face, Cortile Campidoglio, Rome

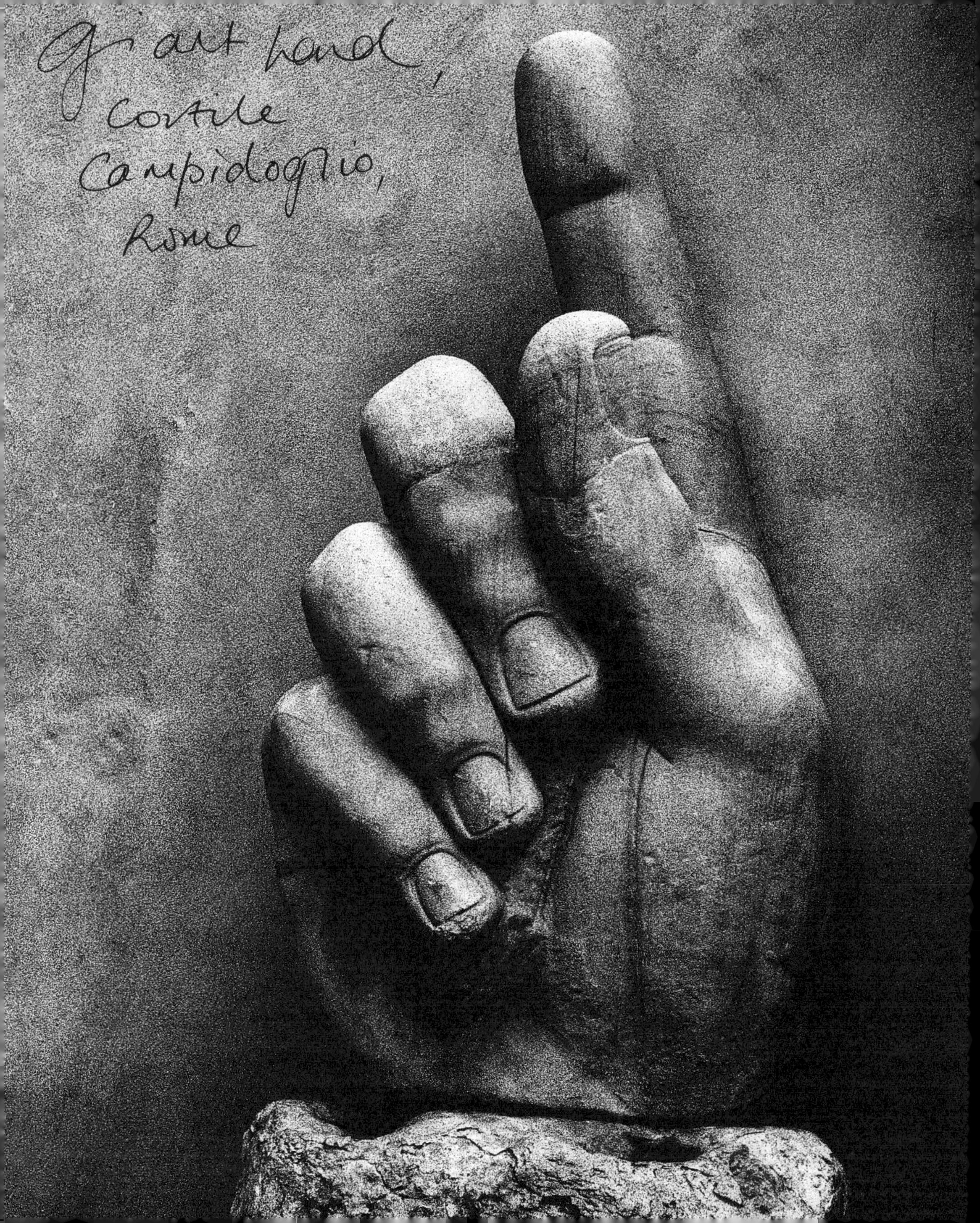
giant hand,
Cortile
Campidoglio,
Rome

Eine italienische Frau würde mit nassen oder nur rasch zu einem Pferdeschwanz zusammengebundenen Haaren niemals auch nur das Haus verlassen. Ihr *parrucchiere* (Frisör) und ein hochwertiger Föhn (*phon*) sind ihre besten Freunde. Das Resultat ähnelt einem einzigen Werbeclip für Haarpflege, in dem langes glänzendes Haar sich fließend in Wellen legt oder absolut gerade herabfällt, oft in Form gehalten von einer Designersonnenbrille.

Wie die meisten Italienerinnen ist auch Silvia sehr weiblich und besitzt ein Vertrauen in ihr Aussehen und ihren Körper, wie ich es in Australien kaum je gesehen habe. Das kommt in all ihren Bewegungen zum Ausdruck, in der Art, wie sie den Kopf hält oder das Kinn senkt, um dem Blick eines Mannes zu begegnen – man kann sie dabei fast schnurren hören.

Als ich frisch nach Italien gezogen war und meiner American-Express-Kreditkarte fürs Erste Lebewohl sagen musste, war mir nichts anderes übrig geblieben, als mir einen neuen Stil zuzulegen, den ich Gott sei Dank schon immer mochte: Bohème-Chic. Silvia schleppte mich auf ihre liebsten Flohmärkte. Dort schien es, als hätten elegante Komtessen ihre Schränke für Menschen wie mich ausgeleert. Herrliche Kaschmirpullover waren wie bunte Dauerlutscher gestapelt. Maßgefertigte Jacken hingen reihenweise ordentlich auf Bügeln, und hier und da konnte man unbemerkt ein Tuch von Pucci entdecken.

Die Fashionista in mir blühte in Italien auf. Ältere Herren tragen hier sportliche Baskenmützen und Persol-Sonnenbrillen; elegante *signore* in Lederhosen bevorzugen Leopardenfell. Und Hüte aller Arten sowie passende Schals und Handschuhe sind ein Muss. Die Italiener sind über alle Alters- und Gesellschaftsgrenzen hinweg modeverrückt, sodass einen das äußere Erscheinungsbild ganz schön in die Irre führen kann. Es war an einem jener (zahlreichen) Tage, an denen Trenitalia mal wieder Verspätung hatte. Die Passagiere stehen dicht zusammen, harren der Dinge, die da kommen und

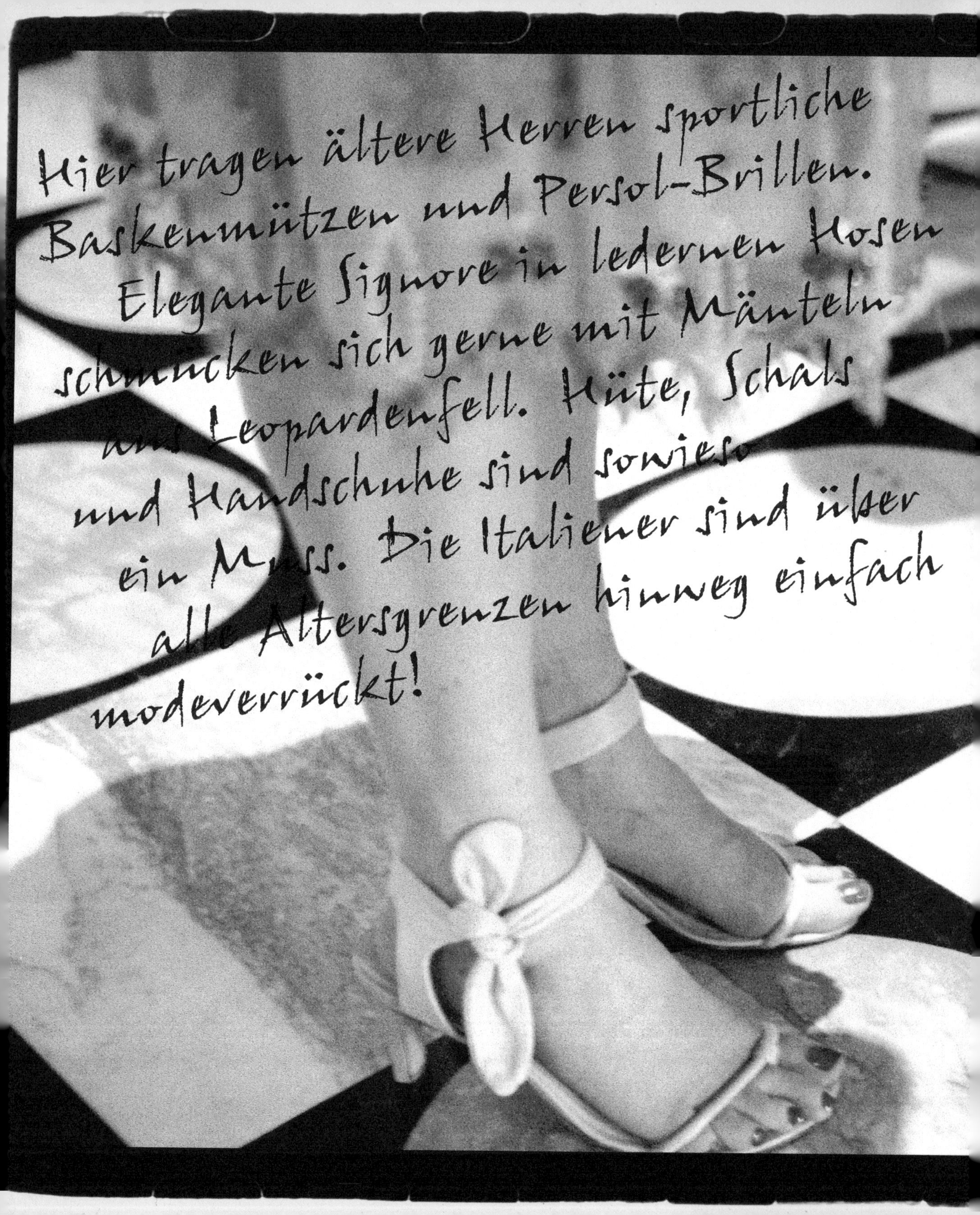

Hier tragen ältere Herren sportliche Baskenmützen und Persol-Brillen. Elegante Signore in ledernen Hosen schmücken sich gerne mit Mänteln aus Leopardenfell. Hüte, Schals und Handschuhe sind sowieso ein Muss. Die Italiener sind über alle Altersgrenzen hinweg einfach modeverrückt!

ladies chatting –
at the Excelsior Hotel, Florence

suchen das Gespräch mit anderen Leuten. Mich verwickelte ein junger Mann, der sich als Mario vorstellte, in eine kurzweilige Unterhaltung. Ich hielt ihn für einen Mailänder Bankier, der ein freies Wochenende hatte. Denn dieser Mario hatte einen so wundervollen Teint, als erhielte er einmal pro Monat eine Gesichtsbehandlung, trug die neuesten Prada-Schuhe, einen lässig um die Schultern gebundenen Kaschmirpulli in perfektem Karamellton und eine hippe Diesel-Jeans. Während unseres Gesprächs fand ich dann allerdings heraus, dass Mario tatsächlich ein *gommista* (Reifenreparateur) aus einem kleinen Dorf in Kalabrien war. Seit damals habe ich jeden Versuch aufgegeben, aus der Kleidung eines Italieners auf seinen Beruf oder seine Herkunft zu schließen. Denn das ist einfach unmöglich.

Ebenso würde ich nicht einmal wagen zu behaupten, dass ich die Italiener auch nur annähernd begriffen hätte. Wie könnte ich auch jemals verstehen, dass an einem mörderisch heißen Tag mit 35 Grad im Schatten das bisschen warme Luft, das durch ein geöffnetes Zugfenster weht, einer *signora*, die fünf Sitzreihen entfernt Platz genommen hatte, einen *blocco* des Nackens verursachen könnte? Wie sollte ich nachvollziehen können, dass mein italienischer Freund über Rückenschmerzen klagt, die – wie er steif und fest behauptet – von dem Ventilator herrühren, den seine Frau am Abend zuvor eingeschaltet hat, um etwas gegen die 45-Grad-Hitze zu unternehmen? Erzählen Sie mal Australiern, die noch nie im Leben nasse Badeanzüge sofort ausgezogen haben, dass sie ihre Gesundheit gefährden und einen *blocco* im Bauch plus Verdauungsstörungen riskieren. Wie soll man ein Volk nicht lieben, dass massenweise in Griechenland Urlaub macht, und zwar mit einem umgebundenen Halstuch, das sie vor *il vento* und einem weiteren *blocco* schützt?

Aber *blocchi* beiseite – ich finde die Italiener witzig, kokett, elegant und manchmal auch extrem frustrierend. Sie schustern die göttlichsten Schuhe der

heels, heels and only heels.

Fresco in the chapel of the
Pharmacy of Santa Maria Novella

Welt, haben die herrlichsten Kirchen und Kunstschätze, und selbst die Mülleimer schaffen es hier, wie Supermodels auszusehen. Und sie kochen königlich und bereiten den himmlischsten Kaffee zu. Meine Lieblingseigenschaft ist jedoch ihr angeborenes freundliches Wesen.

Im Laufe der Jahre war ich immer wieder Zeugin von italienischer Liebenswürdigkeit und Großzügigkeit gegenüber Leuten, die vom Schicksal weniger begünstigt sind. Wenn ein kleiner Junge als Rosenverkäufer an einem kalten Winterabend ein Restaurant betritt, schickt das Personal ihn nicht hastig fort, sondern lässt ihn seinen Job machen oder kauft ihm manchmal auch den ganzen Strauß ab. Das verkürzt seine Arbeitszeit und macht alle weiblichen Gäste glücklich. Wenn ein Blinder mit seinem weißen Stock den Gehsteig entlangkommt und tapfer Fahrrädern und Straßenbauarbeiten ausweicht, wird sich bald jemand bei ihm einhängen und ihn über die Straße führen. Als einmal um 14 Uhr die beliebte Trattoria Casalinga gerappelt voll war und eine Schlange geduldig wartender Gäste bis auf die Straße hinaus stand, beobachtete ich, wie einer davon Beppe, einem in der Gegend bekannten Obdachlosen, einen Zwanzig-Euro-Schein gab, damit auch er sich ein Mittagessen leisten konnte.

Viele wunderbare Erlebnisse verdanke ich allein der italienischen Lockerheit und Generosität. So bekam ich etwa, als ich an einem Samstagmorgen in Neapel ein Barbiergeschäft betrat, nicht nur einen *caffè*, sondern auch eine spontane Einladung zur Hochzeit des Mannes, der gerade rasiert wurde. Nachdem ich an einem heißen Nachmittag in Puglia gebeten hatte, ein Foto von einer Familie beim Mittagessen in einer kleinen Gasse machen zu dürfen, wurde daraus ein dreistündiges Mahl, bei dem ich die hausgemachten Spezialitäten weiterer großzügiger Mitmenschen verkosten durfte. Eine andere Sache war es, als Popi und ich auf dem Weg zur Hochzeit von Eric (unserem Ivy-League-Freund, den ich bei meiner Ankunft in Popis Haus kennen gelernt hatte) den falschen Zug

nahmen. Wir strandeten irgendwo in der Nähe der österreichischen Grenze und trafen dort auf einen italienischen *signore*, der eigentlich auf seine Tochter wartete. Es war für ihn eine Selbstverständlichkeit, uns die neunzig Kilometer, die überhaupt nicht an seiner geplanten Strecke lagen, zu fahren, damit wir rechtzeitig dort eintrafen. Ja, das Wesen der Italiener hat es mir schon besonders angetan – spätestens seit jenem kalten Winterabend, an dem ich frierend nach Hause eilte, während mir der Regen ins Gesicht peitschte: Da trat ein *barbone* aus einem der besten Restaurants von Florenz, zog mich an meinem nassen Mantel ins Warme und brachte mir eine riesige, mit *buone cose* (guten Sachen) gefüllte *focaccia* und etwas Heißes zu trinken. Bezahlen durfte ich nicht …

Trevi Fountain – Rome
IVSSV CLEMENTIS

PONT MAX OPVS

240 g
MARCA DEPOSITATA
PRODUCT OF ITALY
DI CONSERVE ALIMENTARI
S.p.A.
TEDUCCIO NAPOLI
PACKED IN ITALY
PESO SGOCCIOLATO
DRAINED WEIGHT
240 g.
425
PLUM
Net Weight
400 g e
ALIMENTARI

buon appetito

Guten Appetit

1 o'clock, Casalinga,
Florence

TRATTORIA
Rivaldo
CHIANTI
CORFECCIANO

Exakt um 13 Uhr hallt wie eine landesweite klingelnde Schulglocke der metallische Klang von sich schließenden Fensterläden und Geschäften durch die Straßen. So klingt die Mittagsruhe in Italien. Eine Glühbirne, eine Zwiebel, eine Kartusche für den Drucker oder einen neuen BH zu kaufen, das ist in den meisten italienischen Städten zwischen 13 und 15 Uhr praktisch unmöglich. Alle Berufstätigen eilen dann nach Hause oder in die nächste *trattoria*, um zwei Stunden mit Mittagessen zu verbringen. Nobelmarken wie Fendi, Prada und Gucci stecken dann silberne Schlüssel ins Schloss, holen die edlen Fußmatten rein und geleiten ihre Kunden zur Tür, wo sie mit *buon appetito* verabschiedet werden. Zu dieser Stunde zählt in Italien nur, was man isst, wo und mit wem.

Francesco und ich haben eine kleine Auswahl traditioneller *trattorie*, wo wir Mittagessen gehen, wenn ich nicht selbst koche oder wir bei Freunden eingeladen sind. Heute ist wieder einer dieser eisigen Wintertage, an denen ein starker Wind vom Arno heraufweht und ich mich nach etwas wärmend Vertrautem sehne. Also schieben wir uns in die winzige Bar Nuvoli, wo es bereits von Rotwein trinkenden Florentinern wimmelt. Die dazugehörige *osteria* befindet sich im Untergeschoss. Rosanos Vater regiert in der Bar, und als er uns entdeckt, drückt er uns die Hände und küsst uns auf beide Wangen. Erst dann dürfen wir die wackelige Treppe in die gemütliche *cantina* hinabsteigen, wo verstaubte Chiantiflaschen an den Wänden entlang gestapelt sind. Verblichene Schwarzweißfotos eines früheren Italien hängen an den unverputzten Mauern, und die massiven Holztische sind bereits voll besetzt, als wir in den Rummel der Mittagsgäste eintauchen. Im Nuvoli gibt es keine Speisekarte, sondern nur Rosano, der die Spezialitäten des Tages höchst persönlich aufzählt. Wir setzen uns zu einem Geschäftsmann, der bereits *ribollita* (toskanischer Gemüsetopf) und *pasta al forno* verzehrt. Dann erscheint Rosano lächelnd auf der schmalen Treppe. Automatisch kommen *pane, vino* und *acqua* auf unseren Tisch, während Rosano die Gerichte herunterrattert: *ravioli con crema di tartufo, rigatoni con salsa piccante, spaghetti con ragù, pappa al pomodoro* und *crostini toscani.* Rosano eilt mit Tellern voller dampfender Pasta die Treppe herab, stets lächelnd und scherzend, während ihm die Gäste aus allen Winkeln der *cantina* etwas zurufen. Nachdem die *primi* und *secondi* verputzt und die letzten Sugospuren mit Brot von unseren Tellern gewischt sind, zählt Rosano uns die *dolci* des Tages auf. Wir lehnen *tiramasù, pannacotta* und *castagnaccio* zwar tapfer ab, aber er bringt uns dennoch einen Teller mit *castagnaccio*, dem dünnen Kuchen aus Kastanienmehl, und beharrt: *„Ti fa bene"* – das tut euch gut.

Mittagessen im Nuvoli, aber auch bei Il Contadino, Anita oder Casalinga, das ist fast so, als äße man zu Hause oder bei einer italienischen Familie. Karierte Decken oder braunes Papier auf den Tischen, einfache Gläser und Karaffen werden gefüllt und geleert, während die *primi, secondi* und *contorni* (Gemüsebeilagen) auf die Teller kommen. Dabei liegt die Schönheit in der Schlichtheit des Ambiente und der Speisen. Mittags geht es nicht ums noble Dinieren und Ausgehen. Was zählt ist, den *pranzo* gemeinsam an einem Ort mit den richtigen Speisen und in der rechten Gesellschaft sowie zu anständigen Preisen einzunehmen.

Ganz anders das Abendessen: Als ich an Popis Tafel noch neu war, hielt ich ihren Lebensstil für ziemlich einzigartig: jeden Abend drei Gänge, der Tisch mit schlichtem Besteck, Steingutgeschirr und stets mit einem Tischtuch gedeckt. Inzwischen weiß ich, dass solche Festmahle in fast jedem italienischen Haushalt stattfinden, Tag für Tag, Abend für Abend. Für Popi war es auch nie ein Problem, für unerwarteten Besuch ein Gedeck mehr aufzulegen. Sie klatschte sogar vor Vergnügen in die Hände. Und sie legte stets großen Wert auf die Bedeutung des Zusammenseins und des gemeinsamen Essens. Selbst in den bescheidensten Haushalten Italiens findet sich immer ein gedeckter Tisch, es gibt ein *primo* und ein *secondo*, und man erwartet, dass sich jeder Zeit nimmt und das mit Liebe zubereitete Mahl genießt.

Das Vorbereiten, Kochen, Essen und selbst die subtilsten Feinheiten eines Gerichts zu diskutieren – diese Dinge sind im italienischen Alltag von ebenso fundamentaler Bedeutung wie die Liebe. In praktisch jeder Lebenslage werden einem Rezepte oder Kochtipps offeriert: in der Warteschlange am Taxistand des Bahnhofs, während man beim Stand des Gemüseverkäufers auf der Piazza Santo Spirito vorbeigeht; im Lebensmittelladen an der Via del Croce oder bei dem süßen Burschen aus dem Fahrradladen. Italiener scheinen schon in der Küche zur Welt zu kommen und sich dann zu Spitzenköchinnen und -köchen zu entwickeln, die zu Hause Fünf-Sterne-Gerichte zaubern.

Liebe, so belehrte man mich immer wieder, stecke in jedem Detail. In den Tomaten, die liebevoll in der Junisonne zum Trocknen ausgelegt wurden. In den von Hand gepflückten Oliven für das eigene Öl, das im kommenden Jahr auf dem Tisch stehen und *insalata, fave* oder *cichoria* verfeinern wird. Voller Liebe sind auch die selbst gemachten Mortadella-*panini*, die ich für die Zugfahrt zurück nach Florenz eingepackt bekomme. Sie liegt aber auch der Spontaneität und Großzügigkeit zugrunde, mit der man von Fremden eingeladen wird, eine selbst gemachte Spezialität zu kosten. Und zwar einhergehend mit der Aufforderung, so viel zu probieren, wie man möchte. In Italien ist Essen Musik für die Seele, und die Seele wird mindestens drei Mal täglich liebevoll genährt.

waiter takes the order 'Da Rocco'

lunch @ casalinga

Angiolino

Scampi on the grill, Positano

Baking brioche, Naples

Yum, Spaghetti in the kitchen of Tre Sorelle, Positano

the staff eating lunch at Laurito

Ich weiß gar nicht mehr, wie oft ich schon mit einigen italienischen Freunden auf der Piazza San Pierino gestanden habe und mit ihnen hin und her überlegt habe, was wir am Abend essen sollten. „*Salmone con crema die capperi*“, schlägt Attilio vor. Luigi hält dagegen, dass ihm heute eher nach *linguine con cozze* zumute sei, für die alle Anwesenden die Zutatenliste im Kopf haben. Nach zwanzigminütiger Debatte fällt Attilio noch ein, dass seine Mutter ihm hausgemachte *culurgioni* (eine Pasta wie Ravioli, allerdings mit einer Füllung aus Pecorino, gestampften Kartoffeln, Butter und Minze) und ein großes Stück sardischen Pecorino geschickt hat. Frühestens nach dreißig Minuten einigen wir uns auf einen frischen Tomatensugo mit einer Spur *salvia* (Salbei) zu den *culurgioni* von Attilios Mamma. Typisch italienisch begeben wir uns alle fünf zum nächsten Lebensmittelladen und zum Gemüsestand auf der Piazza. Eine schnelle Take-away-Mahlzeit, nur weil es bequemer ist, würde meinen Freunden nie in den Sinn kommen. Italiener fühlen sich um ihr Lebensgefühl betrogen, wenn sie unterwegs oder gar in Eile essen müssen.

An einem anderen Abend hatte ich für acht Uhr abends Freunde zum Essen eingeladen und um sieben noch nicht einmal eingekauft oder in ein Kochbuch geschaut. Als ich die Treppen hinunter und in den nächsten Laden rannte, wusste ich, dass der Ladenbesitzer nicht nur wunderbare Ideen haben würde, sondern auch noch die exakten Mengen wissen würde, die ich brauchen würde. An manchen Tagen genieße ich es, von Geschäft zu Geschäft zu ziehen und Zutaten zu kaufen, die ich noch nie zuvor ausprobiert habe. Dann genügt es, einfach zu fragen: „*Che cosa si fa con questo?*“ Und schon legt der Verkäufer oder die Verkäuferin los und erklärt detailliert das Rezept für *cipolline in agrodolce* (süß-saure Zwiebeln) oder eine andere Köstlichkeit. Manchmal mischen sich auch andere Kunden ein, die einen besonderen Kniff empfehlen, und plötzlich ist der ganze Laden in eine Diskussion über ein besonderes Rezept verwickelt. Nie

panini and
the World
Cup –
Happy days!

watermelon = summer in Sicily

Dreh

beschwert sich in so einer Situation jemand über die Verzögerung; im Gegenteil scheinen alle den Augenblick zu genießen – schließlich geht es um das kollektive Lieblingsthema.

Etwas anderes, das ich an der italienischen Küche so schätze, sind die saisonalen Produkte und die regionalen Spezialitäten. Während für einen Ausländer Italien eben Italien ist, unterscheiden die Einheimischen zwanzig verschiedene Regionen. Wenn Sie also jemanden fragen *„Di dove sei?“*, wird er vermutlich erwidern *„sono Calabrese“* oder *„Veneziano“* oder *„Fiorentino“* oder *„Sardo“* und nur ganz selten *„Italiano“*. Das Wunderbare daran ist die daraus resultierende Vielfalt der verschiedenen Kulturen, Baustile und Küchen.

Die kulinarischen regionalen Spezialitäten machen das Reisen in ganz Italien zum Vergnügen. Auch wenn ich inzwischen in der Lage bin, selbst in Florenz *taralli* (knuspriges pikantes Gebäck) aufzutreiben, geht doch nichts über die frisch gebackenen, nach Anis schmeckenden von Francescos Mutter daheim in Puglia. Manche Bars in Florenz backen auch *sfogliatella*, doch wenn man das blättrige Gebäck mit süßer Ricottafüllung vor neapolitanischer Kulisse mit Vesuv und vorbeiknatternden Vespas verspeist, ist der Genuss eben noch ein bisschen größer. Oder Tortellini, die ja inzwischen auf der ganzen Welt fabriziert werden. Wenn ich sie bei Atti & Figli in Bologna kaufe, morgens frisch gemacht, in Papier gewickelt und mit Bindfaden verschnürt, dann bin ich mir sicher, dass ich noch nie bessere gekostet habe. Sie werden auch einen Florentiner niemals davon überzeugen können, dass ein großes Stück frische Pizza mit Mozzarella, Knoblauch und frischen Tomaten besser schmeckt als die kleinen *panini con la trippa* (Kaldaunen-Brötchen), die hier in der Stadt überall aus kleinen Wagen heraus verkauft werden.

Mit regional typischen Speisen verbinde ich auch einige meiner liebsten Reiseerinnerungen. Als mich mein venezianischer Freund Marco zum ersten

Mal mit in eine kleine Bar nahe dem Markt am Rialto schleppte, um an einem kalten windigen Abend eine Portion *polpetta* (Fleischbällchen) zu essen und ein Glas Rotwein zu trinken, da fühlte ich mich wie im Himmel. Während draußen der Regen prasselte, blieb es natürlich nicht bei einer *polpetta* – ich verschlang anschließend noch viel mehr Käse und verschiedene Antipasti, und genoss alle möglichen Kräuter, mit denen die Frau des Besitzers die kleinen Köstlichkeiten abgeschmeckt hatte. Tommaso, mein Freund aus Puglia, kocht in seiner winzigen Küche in Florenz die himmlischsten *linguine con cozze* für uns. Und wir lieben es, an seinem Tisch die Sauce aus Knoblauch, Petersilie und Weißwein mit toskanischem Weißbrot aufzutunken. Das ist allerdings noch nichts gegen *linguine con cozze* auf einem Klappstuhl sitzend, mit Kieseln unter den nackten Füßen, einer sanften Mittelmeerbrise und einem Dutzend schaukelnder Holzboote am Horizont im Da Adolfo in Positano. Wenn plötzlich alle Lokale Italiens schließen sollten, gibt es ja immer noch die Care-Pakete von *mamma*: riesige braune, wohl verschnürte Pappkartons, die meine Freunde in regelmäßigen Abständen von zu Hause, also aus allen Regionen Italiens, erhalten. Mütter, die sich um die Ernährung ihrer Söhne sorgen, packen riesige Stücke selbst gemachten Pecorino, Olivenöl, Pasta von der *nonna* und den bei jeder Mahlzeit unverzichtbaren Rotwein in Kartons, die sie dann zuversichtlich der Post anvertrauen. Tommaso, Attilio, Francesco und Luigi sind glückliche Empfänger von hausgemachten *culurgione* (Ravioli), *orecchiette*, handgepresstem Olivenöl und einem Streuselkuchen aus Äpfeln und Honig. Jedes Fünf-Sterne-Restaurant wäre stolz auf diese Leckerbissen – für die Jungs ist es einfach nur Selbstgemachtes von *mamma*.

Sunshine and orecchiette – Bari

Zucchini flowers, Mercato Santo Spirito

attis spaghetti

la famiglia e gli amici

Familie und Freunde

three generations, Spaccanapoli, Naples

amici

Ich wuchs in einer sehr lebhaften Familie auf: Vier Kinder in fünf Jahren dürften meine Mutter ziemlich auf Trab gehalten haben, aber als ob das noch nicht genügt hätte, kam dazu noch eine Menagerie aus Katzen, Hunden, Hühnern, Hasen und der einen oder anderen Schildkröte. Dem Wesen nach war meine Mutter Italienerin, auch wenn sie nicht die entsprechenden kulinarischen Fähigkeiten besaß. Also wurden wir mit Kartoffelbrei, Würstchen, Kalbskoteletts, Braten und den typischen Gerichten der australischen Hausfrau in den Fünfzigerjahren groß. Wir führten ein offenes, gastliches Haus, und die leichte Nachmittagsbrise wehte einen nie abreißenden Strom von Nachbarn und Freunden herein, die auf eine Tasse Tee, Rat suchend oder auch nur auf ein Schwätzchen vorbeikamen. Im Grunde waren Mum und Dad in vielerlei Hinsicht wie typisch italienische Eltern. Dad steckte immer im Garten, wo er seine Tomaten, Erbsen und Mohnblumen hätschelte. Mum blieb zu Hause, um ihre Brut zu versorgen und alles in ihrer Macht Stehende zu tun, uns liebevoll und behütet aufwachsen zu lassen. Jedes Wochenende quetschten wir uns in den Valiant und fuhren an einen nahen Fluss, Stausee oder Strand, wo wir andere Familien trafen. Wir Kinder tobten herum, plantschten und kletterten auf Bäume, als würde uns die ganze Welt gehören.

Erst im Laufe der Zeit habe ich begriffen, dass mir meine Eltern etwas mitgegeben hatten, das unbezahlbar ist: ihren Optimismus. Sie erklärten mir, es gäbe im Leben nichts, was ich nicht schaffen könnte. Heutzutage nennt man so etwas wohl Affirmation. Ich weiß, dass es nicht leicht für sie war, als sie mich im Jahr 2000 am Flughafen verabschiedeten und sie weder wussten, wohin meine Reise ging, noch wann und ob ich zurückkäme. Nachdem ich die beiden Stahltüren zum Abflugbereich passiert hatte, waren zwei Dinge unauslöschlich in mein Herz und meinen Verstand eingebrannt: die Wärme ihrer Umarmung und die Worte: „Was auch immer du dir im Leben vornimmst, Liebes, du weißt, dass du es schaffen kannst."

Als ich mich an meinem ersten Abend in Popis Haus am Tisch niederließ, fühlte sich plötzlich alles so vertraut an. Das war etwas, das ich aus meiner Kindheit gewohnt war. Nachdem ich jahrelang allein gegessen hatte oder unterwegs und immer in Eile, war das Platznehmen an Popis Tisch wie eine Zeitreise. Wunderbare Erinnerungen an gemütliche Abende im Kreis meiner Familie kamen mir in den Sinn, die im Laufe der Zeit ergänzt wurden durch Impressionen meiner neuen „WG".

Jener erste Abend in Popis Haus war meine Initiation in das Leben in einer italienischen Familie: Popis Schwester Maria lebt einen Stock tiefer und ruft einfach vom Balkon herauf, wenn sie Popi sprechen möchte oder *una cipolla* für das Abendessen braucht. Zu Ostern, an Weihnachten und natürlich sonntags drängen sich Familie und Freunde um den großen Holztisch in Popis Wohnung. Zu Ostern lockten *uova benedetta* (gesegnete Eier) und Lammbraten mit *rosmarino*; zu Weihnachten gab es *il cappone lesso* (Kapaun), und selbst an den normalen Sonntagen wurden mindestens drei Gänge serviert, sodass sich das Essen eine wunderbare Ewigkeit lang hinziehen konnte.

An den meisten Sonntagen klingelt es in der Regel gegen 13 Uhr an der Tür – Popis Familie strömt aus allen Ecken von Florenz zusammen. Ihre Tochter Monica und deren Mann Ettore aus den Hügeln der Toskana, Maria und Renzo von unten, Popis verrückter Cousin Silvio, der mit quietschenden Reifen auf seiner Vespa vor dem Haus eintrifft. Sie alle und die dazugehörigen Kinder werden mit offenen Armen empfangen. Als Erste treffen aber stets die „Golden Girls" ein: Popis Freundinnen seit Urzeiten, Maria Pia, Giovanna, Silvana und Carlina – allesamt selbstverständlich perfekt onduliert und gestylt. Beim Essen schnatterten alle wild durcheinander, während ich fasziniert ihrer Unterhaltung lauschte. Ich bewunderte die Offenheit, mit der sie einander begegneten. Hin und wieder zuckte ich zusammen bei Äußerungen, die für meine angelsächsische Erziehung doch eine Spur zu direkt waren. Auf der anderen Seite liebte ich ihre Theatralik: sie ereiferten sich dramatisch, erhoben die Stimmen, gestikulierten und taten empört. Am nächsten Tag war alles schon wieder vergessen – schließlich ist man eine Familie.

Mit der Zeit lernte ich auch die Familien meiner Freunde und deren Traditionen kennen. So lud mich etwa meine Freundin Silvia regelmäßig ins Haus ihrer Mutter in einem kleinen Dorf am Rande der Toskana ein, wo sich die Großfamilie Matteoli jeden Sonntag trifft. Wenn die Sonne sich auf den Hügeln von San Miniato niederließ, waren vier Gänge nur noch süße Erinnerung. Wenn Grappa und *caffè* auf den Tisch kamen, trafen auch schon Wagenladungen von Freunden der Familie ein mit eisgekühltem Prosecco und Kuchenpaketen, bei deren Anblick einem das Wasser im Mund zusammenlief. Es war irgendwie ein schönes Gefühl zu wissen, dass gleichzeitig in ganz Italien Familien sich um ihre Esstische versammeln und gemeinsam den Sonntag verbringen. Dabei spielen die geografische Herkunft oder der sozioökonomische Hintergrund keine Rolle – der gemeinsame Nenner ist der starke Zusammenhalt der italienischen Familie. Ein unbezwingbares Bollwerk: Man fördert und unterstützt sich auf jede nur erdenkliche Weise. Eltern, Brüder, Schwestern, Onkel und Cousinen

Wedding, Naples

gorgeous Michele –
Papi's family friend

führen den Familienbetrieb, pflegen den *orto* (Gemüsegarten) der Sippe und gehen gemeinsam zur *passeggiata*, bei der man allabendlich in den neusten Kleidern auf dem Dorf- oder Stadtplatz flaniert. Wenn eines der *figli* getauft wird, zur Erstkommunion geht oder heiratet, dann läuft die italienische Familie zur absoluten Bestform auf.

Italiener werden von dem Moment an geliebt und angebetet, wenn die kleine blaue oder rosa Schleife an Wohnungstür, Fenster oder Laden ihre Geburt verkündet. Kinder sind in Italien geradezu heilig. Was Sie tun müssen, um das zu überprüfen? Betreten Sie einfach mit einer ganzen *squadra* lärmender Kinder ein Restaurant und beobachten Sie, wie die Kellner dampfende Teller stehen lassen und ihre Gäste vorübergehend völlig vergessen, weil sie erst einmal die *bambini* herzen und bemuttern müssen.

Die meisten Kinder, egal wo in Italien sie sich inzwischen niedergelassen haben, kehren nach Hause zurück, um den Sommer mit der Familie zu verbringen. Daher ist es auch für mich inzwischen eine Selbstverständlichkeit, im Sommer von Florenz in das Haus von Francescos Familie in Terlizzi zu reisen. Seine Familie gibt mir das Gefühl, eine von ihnen zu sein, und je näher der August rückt, umso größer meine Vorfreude, endlich in den Süden aufzubrechen. Zu den köstlichen sonnengetrockneten Tomaten auf dem *terrazzo* und hinein in die Wärme einer ganz besonderen italienischen Großfamilie. Meine Besuche dort und überhaupt mein Leben in Italien haben mir klar gemacht, was wirklich zählt: Dass es nicht darum geht, die Karriereleiter hochzuklettern, bis in die Nacht hinein zu arbeiten und das Büro erst zu verlassen, wenn die Stadt schon im Dunkeln liegt. Es geht auch nicht darum, das neueste Automodell zu fahren und schicke Dinnerpartys zu geben, auf denen nur eine gerade Anzahl von Gästen erlaubt ist. Und ganz bestimmt ist das Leben nicht dazu gedacht, Abend für Abend allein thailändisches Take-away-Food zu essen.

Picking tomatoes, Puglia

mother and daughter – Quartieri Spagnoli, Naples.

Friends, Trapani Sicily

'Backstage', first communion Lotzorai Sardinia

tabernacle, Naples

aunt & nephew, Puglia

My brother and sisters - backyard Concord.

Nuns, Florence

Vielmehr geht es um die Menschen und um die Emotionen, die wir mit ihnen verbinden. Um die wahre *ricchezza* – um Familie und Freunde.

Die italienische Familie ist auch in meinem Alltag in Florenz stets und überall präsent. Wenn ein Film voll ist, wird er von den Brüdern Gianni und Danieli entwickelt. Wenn ich in Pasquales Bar hineinschaue und er mir einen *caffè macchiato* macht, bevor ich auch nur ein Wort gesagt habe, ist es sein Bruder Antonio, der mir meine Brioche gibt. Wenn ich zum *ortolano* an der Ecke der Via Maggio gehe, um meinen Vorrat an Zucchini aufzustocken, dann buhlen dort Vater Giuseppe und die Söhne Luigi und Domenico um meine Aufmerksamkeit. Und wenn ich eine weitere Scheibe *mozzarella di bufala* in meine Tasche lege, fragen mich Signora Rossi und ihr Sohn Fabio nach *il mio amore*. Am Ende des Tages schiebe ich mein Rad auf ein Glas Rotwein zu I Fratellini, wo mich die Brüder Michele und Armando mit einer weiteren römischen Sage unterhalten.

Wenn Sie zum ersten Mal in das Leben eines italienischen Ladenbesitzers treten, wird man Sie höflich bedienen. Nach dem zweiten Mal kennen Sie irgendwie schon alle mit Namen. Wenn Sie dann zum dritten Mal kommen, gehören Sie bereits zum erweiterten Kreis der Familie. Wie oft bin ich schon müde und erschöpft nach Florenz zurückgekehrt und habe mich gefragt, was zum Teufel ich eigentlich hier mache. Doch während sich das Taxi durch die schmalen, dunklen Gassen schlängelt, lösen sich meine Müdigkeit und Verzagtheit langsam in nichts auf. Ich fahre an Buontalentis Brunnen an der Ecke der Via Maggio vorbei, am Caffè degli Artigiani auf der Piazza della Passera und an der Piazza Santo Spirito. Ich muss an die Menschen denken, die morgen mit ihrem breiten Lächeln und ihren offenen Armen hier sein werden. Sie alle sind Teil meiner Familie hier in Florenz.

Francesco hat mir viele verschiedene Geschichten von seiner Familie und seinen Freunden erzählt. Etwa dass er, als er noch klein war, die meisten Nach-

kids play in the vicoli at night, Naples

tabernacle, Naples

mittage im Haus seiner *nonna* verbrachte, die *taralli* buk und ihm für die vielen neugierigen Fragen, die ihm in den Sinn kamen, Rede und Antwort stand. Oder dass seine *zii* (die Onkel und Tanten), die einen Stock höher oder gleich um die Ecke wohnten, ihre Wohnungstüren offen ließen, damit alle Cousins und Cousinen, Onkel und Tanten nach Belieben kommen und gehen konnten. Wenn seine Mutter ihn dann bat: *„Vai dalla zia per piacere a prendermi l'olio?"* – Läufst du zur Tante und bittest sie um etwas Öl? – dann bedeutete das, nur zehn Stufen die Treppe hinauflaufen, um den Auftrag zu erledigen. Manchmal gab es dann auch doppelt zu Abend, wenn die Düfte aus der Küche der Tante zu verlockend waren und ihn aufhielten. Und er berichtet mir auch, wie er, sein Bruder und ihre Cousins am Samstagabend wie eine Clique alter Freunde zusammen ausgehen.

Meine Schwester hat mir kürzlich einen Brief geschickt, der mich zu Tränen rührte. Sie zählte mir alles auf, was sie an mir liebt und wie sehr sie mich vermisst. Wie sie es genossen hatte, wenn ich spontan auf eine Tasse Tee und einen Plausch vorbeischaute und wir in der Januarsonne im Garten saßen, während die Kinder im Pool spielten. Bei einem Urlaub in Australien hatten Francesco und ich 2004 fast jeden Tag in ihrem Haus und ihrem Garten verbracht. Wir hatten mit den Kids Ausflüge in den Zoo und an den Strand gemacht und sie zum Lachen gebracht, bis sie nicht mehr konnten. Am Ende unseres Urlaubs tröstete ich mich mit der Vorstellung, dass wir vielleicht irgendwann eines schönen Tages alle wie Italiener nahe beieinander leben werden. Mit einem Stück Land, wo im Sommer rote Tomaten, leuchtend orangefarbene Melonen, Rucola, Salat und genügend Oliven für den Jahresbedarf meiner Familie wachsen. Donna, meine wunderbare große Schwester, würde über uns wohnen, unter uns meine kleine Schwester Jan mit all dem Lärm und Chaos in ihrem Haushalt, den ich so mag. Mein Bruder Stewart wäre auf der anderen Straßenseite zu Hause. Immer bereit

Neapolitans gathered
in the market to
watch the 2002
World Cup!
(Italy didn't win)

mir zu helfen, wenn etwas zu reparieren wäre (auch ein gebrochenes Herz), wie er das in der Vergangenheit so oft getan hat. Meine Eltern wären nah genug, sodass wir wieder ein Leben führen könnten wie früher, als wir Kinder noch nicht flügge waren. Ein Leben, von dem ich das Gefühl habe, dass meine Mutter es von Tag zu Tag mehr vermisst – und nicht nur sie. Im Laufe der letzten Jahre habe ich gelernt, auf vieles zu verzichten, das mir in Australien selbstverständlich war. Doch ohne meine Familie und meine Freunde zu leben, das will mir nicht recht gelingen.

Charlie and Morena
christmas 2004
Sydney.

Der Waschsalon

la lavanderia

Slippers in the sun - Naples

Meine Schultern schmerzen, wenn ich in die Via de Serragli einbiege und meine angestammte *lavanderia* ansteuere. Zwei Taschen voller Schmutzwäsche wiegen einfach ganz schön schwer. Eigentlich hatte ich ja gedacht, meine Tage im Waschsalon seien längst vorüber. Ich war stolze Besitzerin einer Waschmaschine von Fisher & Paykel gewesen, die mir um ein Haar auch noch einen Kaffee gekocht hätte, während sie meine Wäsche machte. Mein ultramoderner Wäschetrockner war im Dauereinsatz, um quasi last minute allerlei Sachen trockenzuwirbeln, die ich unbedingt für das Krisenmanagement meines hektischen Alltags benötigte. Heute steige ich jeden Sonntagmorgen, wenn Florenz langsam zur Ruhe kommt, die steile Steintreppe von meiner Wohnung hinunter, überquere die Piazza Santo Spirito und steuere meine *lavanderia* an. Dieser Waschsalon verschaffte mir eine weitere der vielen grundlegenden Erfahrungen, die mit meinem veränderten Lebensstil in Italien einhergingen …

Italiener sind nicht gerade verrückt nach technischen Geräten. Vor allem nicht nach solchen, die ich stets für selbstverständlich gehalten hatte: Ventilatoren, Klimaanlagen, Spülmaschinen, Waschmaschinen und Wäschetrockner. Keiner meiner Freunde, ja eigentlich niemand, den ich kenne, hat eine Klimaanlage in der Wohnung oder benutzt einen Wäschetrockner. Stattdessen werden die Wäschestücke wie stolze Banner vor Fenster oder auf Balkone gehängt oder, wie in Neapel, selbst über Hauptstraßen hinweg auf halsbrecherischen Konstruktionen aufgespannt, um sie in der Sonne zu trocknen. Vespas und alte, ganz in Schwarz gekleidete Frauen bahnen sich darunter ihren Weg, während Fußballschuhe, Teddybären, Altweiber-Unterhosen, Bettwäsche, Jeans, Oberteile, Hausschuhe, BHs und alle möglichen anderen waschbaren Haushaltsartikel über ihnen und für jedermann sichtbar im Wind schaukeln.

Bei Popi wurde fast an jedem Morgen die Wäsche aus den Fenstern im zweiten Stock herausgehängt und am Nachmittag, sonnenwarm, wieder eingeholt. Gelegentlich landete ein *perizoma* (G-String) oder ein Socken von uns „Studenten" auf dem Balkon von Popis Schwester, aber der Gedanke an die Anschaffung eines Wäschetrockners kam trotzdem niemandem in den Sinn. Jetzt, wo ich mein eigenes Apartment bewohne, schaue ich, wenn ich auf den *cortile* blicke, oft auf die persönlichen Dinge, die meine Nachbarn dort „ausstellen". Das Mädchen von gegenüber klammert sorgsam ihren roten BH plus Stringtanga an die Leine. Riesige weiße Baumwollunterhosen von der alten Dame über mir flattern im Wind. Die blauen Socken von dem Typ neben mir sehen so lang aus, als müssten sie ihm bis unter die Achseln reichen.

Anfangs habe ich beinahe jede Frau, die mir begegnete, gefragt, ob sie einen Wäschetrockner besäße: die Gattin von Renzo vom Lebensmittelladen, wo ich täglich einkaufe, die Dame auf dem Rad neben mir im Fitnessstudio, die Zeitungsverkäuferin am Bahnhof, Freundinnen jeglichen Alters. Mehr als eine antwortete: *„Che cosa?"*, gerade so, als hätte ich gefragt, ob sie auf den Mond wolle. Egal, wie viele Frauen ich auch mit meiner Frage belästigte, keine einzige hatte einen Trockner in einem Winkel ihrer Wohnung, ihrer Villa oder ihres Hauses. *„Che faccio io con un asciugatrice quando ho tutto questo spazio e sole?"* – Was soll ich mit einem Trockner, wo ich doch so viel Platz und Sonne habe? – war eine Antwort, begleitet von einer Handbewegung hin zu winzigen Balkonen und von Fenster zu Fenster gespannten Leinen. *„Non hai visto come i vestiti degli*

Naples

Burano blue

AVE MARIA
618

stranieri sono pieni di grinze?" – Hast du noch nicht bemerkt, wie zerknittert die Sachen der Ausländer sind? – eine andere. Bei Francescos Mutter und seinen Tanten erntete ich ebenfalls nur mitleidiges Kopfschütteln und Augenrollen: *„Secondo te, io compro una macchina per rovinare i vestiti?"* – Warum sollte ich mir eine Maschine anschaffen, die meine Kleider ruiniert?

Zwischenzeitlich hatte ich mir in meiner Fassungslosigkeit sogar überlegt, ob Wäsche trocknen ohne Trockner und gutes Aussehen irgendwie zusammenhängen. Schließlich kaufen die Italiener ja eher wenige, aber hochwertige Sachen und behandeln diese sehr pfleglich. Francesco etwa tut alles, was im weitesten Sinne mit Kleidung zu tun hat, mit größter Sorgfalt, was manchmal etwas zeitraubend sein kann ... Zum Beispiel essen: Ich habe lange nicht verstanden, warum ich meist mein halbes Mittagessen vorne auf der Bluse hatte (die ich dann natürlich in die Wäsche geben musste), während auf seinem Pulli nicht einmal ein Brotkrümel zu sehen war. Irgendwann war mir klar, woran es lag, dass ich beinahe schon einen Exklusivvertrag mit einem Waschmaschinenhersteller hatte: Francesco aß langsam, lümmelte sich niemals auf seinen Stuhl, sondern saß mit geradem Rücken – den Mund in idealer Entfernung über dem Teller – kleine Bissen verspeisend und sich danach sorgfältig den Mund abwischend. Eigentlich nicht weiter verwunderlich, dass sich meine lebenslange Gewohnheit, mehrere Dinge gleichzeitig zu tun, auch beim Essen niederschlug, während Francesco immer wieder *„piano, piano, Carla"* vor sich hinmurmelt.

Inzwischen bin ich bekehrt, esse langsamer und schleppe meine (immer noch reichlichen) gewaschenen nassen Sachen von der *lavanderia* nach Hause, um sie dort auf meinen *stendino* zu hängen. Am Ende des Tages sind sie perfekt getrocknet und duften nach Waschpulver – auch so eine Erinnerung an meine Kindheit. Es gibt für mich heute noch kaum etwas Schöneres, als abends in ein frisch überzogenes Bett zu steigen.

Eine andere kleine Freude, die mein gewohnter Gang zum Waschsalon mit sich bringt, ist mein regelmäßiger Besuch der Bar an der Ecke Via de Serragli und Via Sant' Agostino. Diese Bar könnte man überall in Italien finden: Ein paar Tische für die Leute, die sich unbedingt setzen wollen, Leuchtreklamen, Zucker, Chips und Aschenbecher stehen aufgereiht auf dem *banco*. Während sich meine Kleider im Waschsalon vergnügen, genieße ich das bunte Treiben in der Bar. Ich beobachte einen alten Mann in einer Tweedjacke und mit Lederkappe auf dem Kopf, der raucht und ein Bier trinkt; ein deutsches Touristenpärchen, das am Kaffee nippt und Brioche dazu isst. Ich nenne diesen Ort „meine Wunder-Bar", denn ausgerechnet hier, in der rauchgeschwängerten Luft und bei dem lauten Geklapper von Kaffeelöffeln sinne ich über Menschen und Plätze, Vergangenheit und Zukunft nach. Genau hier fasste ich auch Mitte 2001 den Entschluss, den steinigen Weg in die Selbständigkeit zu nehmen und als Fotografin zu arbeiten. Als dann die letzten paar Euro in meiner Tasche klimperten, wurde die romantische Vorstellung von „verarmten Künstlern" harte Realität. Und dass der Bankomat meine Karte mit der höflichen Aufforderung „Suchen Sie Ihre Bank auf" wieder ausspuckte, kam mehr als einmal vor.

Nichts lag mir damals ferner, als mir das neueste Paar „Kitten Heels" der Saison zu gönnen; vielmehr ging es darum, wie ich meine Miete zahlen und mich ernähren sollte. Zum ersten Mal in meinem Leben lernte ich Armut kennen. Oder das peinliche Gefühl, meinem Vermieter in die Augen zu sehen und dabei erklären zu müssen, warum ich ein paar Hundert Euro im Rückstand war. Damals entwickelte ich einen neuen Respekt für all das Geld, das ich in der Vergangenheit so leichtfertig vergeudet hatte. Aber auch für die Unabhängigkeit, die Geld mit sich bringt.

Doch jedes Mal, wenn ich glaubte, mein Schutzengel habe mich verlassen und eine gesicherte Existenz als Fotografin in Italien sei für mich unerreichbar,

Campo Santa Margherita, Venice

Cesarina full of life at
Popi's window

washing drying, Burano, Venice

scented white - Bari

klingelte das Handy. Etwa als eine Zeitschrift aus London anrief und mich fragte, ob ich eine Story in der Toskana für sie fotografieren wollte. Und wie ich wollte! Ich hätte überall fotografiert. Die einzige Frage, die ich stellte, lautete, wann es losgehen solle. An jenem Sonntag zerfetzte ich vor lauter Eile fast meine Kleider, als ich sie aus der Maschine zerrte, um nach Hause zu eilen. Unterwegs sang und tanzte ich, drückte meine nasse Wäsche an mein Herz und war sicher, die nächsten Wochen über die Runden kommen zu können.

Jeder Sonntag, an dem ich meine Wunder-Bar aufsuchte, war ein kleiner Triumph – ich hatte eine weitere Woche geschafft. Und irgendwann schien es wie von selbst zu laufen. Ich mochte es gar nicht glauben, es war eine Geschichte, wie die von Aschenputtel, die es doch noch auf den Ball des Prinzen geschafft hat. Ich berichtete über den Karneval in Venedig für „Marie Claire", knipste minimalistische Hotels und glamouröse Feste im Palazzo Pucci für „Harper's Bazaar" und jettete auch mal für das „Qantas Magazine" nach Spanien. All das war es wert, zwischendurch arm wie eine Kirchenmaus gewesen zu sein. Und dann noch die Tatsache, dass ich mit fast vierzig Jahren meine Wäsche wieder in einen Waschsalon trage! Dass ich Zeit für so einfache Dinge wie das Putzen meiner Wohnung, die Erledigung meiner Wäsche oder das Arrangieren von Narzissen in leeren Campariflaschen habe, bedeutet für mich einen großen Luxus. Früher, als ich mehr Geld hatte, konnte ich mir nie genug Zeit „kaufen", um die einfachsten Alltagsdinge selbst zu erledigen und war froh, dass ich jemanden hatte, der meine Wohnung putzte und meine Kleidung gewaschen und gebügelt in den Schrank hängte. Das war für mich Luxus. Heute empfinde ich es als Luxus, in meinem Alltag Zeit für mich zu finden – auch wenn ich sie damit verbringe, meine Wäsche zu machen.

Grandma
springs
to mind
x

Die Madonna

la madonna

The madonna in Easter procession, Trapani, Sicily

Yoga

Ende August 2002 beschloss ich, genervt von der stehenden Hitze und den riesigen Touristengruppen auf den *piazze* von Florenz, Richtung Süden zu reisen und mir einen Tapetenwechsel zu gönnen – ich wollte in eine Stadt, vor der mich jeder Florentiner, den ich kannte, gewarnt hatte. Allerdings mit gegenteiligem Erfolg. Neapel schien mir dadurch noch reizvoller, zumal man mir sagte, dass sich die Stadt mit keiner anderen in Italien vergleichen lasse. Die Vorstellung, dass dort das Chaos regiere, Vorschriften ignoriert würden und man eine leidenschaftliche, ursprüngliche Lebensart pflege, weckte die Abenteuerlust in mir. Meine Freunde prophezeiten mir, ich würde ausgeraubt, verfolgt und von Banden marodierender, bewaffneter *napoletani* entführt werden. Sie waren sich offenbar nicht bewusst, dass ich in Darlinghurst fast jeden Morgen über jemanden steigen musste, der in meinem Hauseingang geschlafen hatte und anschließend den Zuhältern und Prostituierten, die jede Straßenecke besetzten, höflich zugenickt hatte. Also auf in diese spannende Stadt!

Im Herzen von Spaccanapoli entdeckte ich eine *pensione*, die von Zia Carmela, Zia Rosa und ihren vier Hunden geführt wurde. In den Gassen rundherum bot sich mir ein Italien, das meine gewagtesten Träume übertraf. Genau wie in all den Fellini-Filmen voller Action und Chaos. Die Kinder spielten vor einer abblätternden Kirchenmauer Fußball, *motorini* mit ganzen Familien darauf knatterten vorbei, die Stimmen der Fischhändler hallten durchs Viertel und

Stände aller Art säumten die *vicoli* und boten jegliche nur vorstellbare Ware feil. Ich war noch keine zehn Meter weit gegangen, schon durchfuhr es mich wie in einer dieser Schmonzetten – dieses Gefühl von Liebe auf den ersten Blick. Ich war Neapel vom ersten Augenblick an hoffnungslos verfallen. Und dazu trug sicher auch die schönste Frau Italiens entscheidend mit bei.

An der Straßenseite beinahe eines jeden Hauses befand sich eine hell fluoreszierende Nische, aus der mich das Gesicht der schönsten Frau Italiens anlächelte. Egal, um welche Ecke ich bog, ständig war sie da, umgeben von verblichenen Fotos geliebter Verstorbener, von Rosen oder Lilien und einer *lampadina*, die ihr Gesicht erstrahlen ließ. In der Bar leuchtete sie zwischen Flaschen mit *limonata* und Dosentomaten hervor. Sie wachte in Lebensgröße über alte Männer, die in kleinen Räumen in den Seitenstraßen Karten spielten. In Lebensgröße wachte sie dort über sie. Sterne umstrahlten ihr Haupt und blinkten in Schaufenstern. Sie hing über meinem Bett in der *pensione* und steckte zwischen Obst und Gemüse auf dem morgendlichen Markt. Als ich in ein Stück Pizza biss, entdeckte ich sie über dem Holzofen mit einer Krone aus knallbunten Steinen und dem Kind im Arm, das sie so liebevoll hielt. Sie steckte in der Sonnenblende des Taxis, das mich zu meiner Pension brachten und wenn die Fischer morgens als Erste eintrafen und ihre Waren auf dem Markt ausbreiteten, blickte sie schon auf sie herab.

Als ich am ersten Abend zu den verrückten Damen in meiner Herberge zurückkam, schmerzten meine Füße entsetzlich: Der Madonnenwahn hatte mich quer durch Neapel getrieben. In der kleinen Küche begannen Zia Carmela und Zia Rosa anschließend beim himmlischen Duft von *maccheroni con ragù* mit meiner religiösen Erziehung auf Italienisch. Es gefiel ihnen, in mir eine Schülerin zu haben, die nicht nur jedes Wort wie ein Schwamm aufsaugte, sondern die jeden Abend von Neuem von den wunderbaren Darstellungen schwärmte, die

14

MARIA SANTISSIMA
DI COSTANTINOPOLI

DIVINÆ

sie tagsüber entdeckt hatte. Mir wiederum gefiel die Idee mit den wunderschönen Nischen, die über die ganze Stadt verteilt waren – ich hatte damit das perfekte Motiv gefunden, das mich auch viel länger in Neapel hielt als anfangs geplant. Nach einer Woche hatte ich jede Menge Kontakte mit Einheimischen geknüpft, denen mein besonderes Interesse an der Madonna Freude zu machen schien: So war ich an einem Tag bis zwölf Uhr mittags bereits zu sechs Kaffees eingeladen worden; meine Taschen quollen von Äpfeln und Orangen über; ich war bereits stolze Besitzerin meiner ersten Statue von Padre Pio – Italiens jüngstem und beliebtestem Heiligen – und hatte diverse Einladungen zum Mittagessen erhalten, von Neapolitanerinnen, mit denen ich auf der Straße ins Gespräch gekommen war.

Es war einfach herrlich: Tagsüber lief ich mir auf der Suche nach *la Madonna* die Füße wund, nachmittags lauschte ich Zia Carmela, die Songs von Dean Martin schmetterte, während sie das Abendessen zubereitete, und nachts träumte ich von meinem Erfolg als Madonnas Hoffotografin.

An sich bin ich die letzte Person, die sich in die religiöse Ikone Italiens hätte verlieben dürfen. Meine religiöse Erziehung fand an einem warmen Sommermorgen in einer kleinen hölzernen Kirche in der australischen Pampa ein jähes Ende, als mein kleiner Bruder von unserem Lehrer in der Sonntagsschule mit der Bibel einen Schlag auf dem Kopf bekam, um „sich zu beruhigen". Von jenem Tag an war ich befreit von Chorälen, Lackschuhen und gestärkten Kleidern und konnte stattdessen die Vorzüge von Sonntagen auf dem Land genießen: durchs hohe Gras laufen, rosenrote Wassermelonen essen und mit unserem Hund Jedda spielen. Mum erklärte nach jenem Vorfall, man könne Religion überall praktizieren, selbst an einem Spülbecken: „Du musst keine Kirche besuchen, um Gott wissen zu lassen, dass es dich gibt." Also hatte ich seit meinem fünften Lebensjahr kaum mehr einen Fuß in eine Kirche gesetzt. Statt

Jesus, Terlizzi

Church door, Puglia

dieser komplizierten Bibelgeschichten, die jeder Italiener auswendig zu kennen scheint, hatte ich mir eine fabelhafte Vorhand beim Tennis und wunderbare Erinnerungen an die Sonntage mit meiner Familie erworben.

Seit meinem Besuch in Neapel hatte sich das gründlich geändert. Die Madonna und ihre Schönheit waren für mich nun der Anlass, den Kopf in jede Kirche zu stecken. In Florenz gibt es inzwischen wohl keine Kirchentür, die ich nicht schon aufgestoßen habe. Und wenn ich ein paar Minuten Zeit übrig habe, setze ich mich in eine der hinteren Bänke von Santo Spirito, um das unglaubliche Licht zu betrachten, das durch die hohen Fenster fällt und das engelsgleiche Gesicht der Madonna erhellt.

Das Ganze hatte wie ein Spiel begonnen – ich wollte einfach so viele Darstellungen wie möglich fotografieren – und sich zu einer Offenbarung entwickelt. Die Madonna wurde für mich zum Inbegriff von Brillanz, Kunst, Schönheit und Frömmigkeit. Ich hörte auf, geradeaus zu schauen und ließ meinen Blick stattdessen zu den florentinischen Madonnen hinaufwandern, die hier oben an den Straßenecken wachen. In Rom achtete ich kaum darauf, wohin ich trat, weil ich die Augen nicht von den ockerfarbenen Palazzi nehmen konnte, wo die Madonnen von steinernen Engeln flankiert werden. Bei der Olivenernte in Terlizzi saß sie mitten in dem alten Hain und wachte über uns; bei einer Abkürzung, die ich durch ein kühles Gewölbe in Bari nahm, war sie auch wieder da, wie ein Schutzengel.

Die Madonna, Religion allgemein, gehörte in Italien einfach zum Alltag. Der Papst war allgegenwärtig und weitaus mehr geachtet als das Staatsoberhaupt; in den Wochen vor Ostern hängt an jeder *portone* ein Zettel, der die Bewohner darüber informiert, wann der Priester ihrer Gemeinde sie aufsuchen wird, um das Haus mit *acqua santa* zu segnen. Das Wasser wird in allen Ecken der Wohnung versprengt und soll ihren Bewohnern Frieden und Glück für das kommende Jahr bringen.

IN
RI

padre pio, Naples

Madonna, Erice, Sicily

Die Madonna flößte mir neuen Respekt ein – vor allem vor den Leistungen der Frauen und Mütter der Welt.

Die meisten Feiertage werden zu Ehren von Heiligen begangen. Jede Stadt, jedes Dorf verehrt einen Heiligen oder die Madonna als Schutzpatron. Diese sind in unterschiedlichster Form präsent, von kunstvollen Gemälden über lebensgroße Statuen bis hin zu reich verzierten Reliquienschreinen. Jeder Ort begründet mit einer Legende, wie er zu seinem oder seiner Schutzheiligen kam. So wurde etwa die Madonna di Sovereto (Schutzheilige von Terlizzi) entdeckt, als ein Schaf mit einem Huf in einer Erdspalte hängen blieb. Nachdem der Hirte das Schaf befreit hatte, nahm er ein göttliches Licht wahr, das aus der Erdspalte drang und ihn zu dem alten Gemälde der Madonna in einer unterirdischen Höhle führte. Andere Patrone kamen mit dem Schiff, wie die Gebeine von San Nicola (besser bekannt als Nikolaus), dem Schutzheiligen von Bari. Sie wurden von den Türken gestohlen und zu Beginn des ersten Jahrtausends nach Italien gebracht. In Florenz feiern wir am 24. Juni San Giovanni (Johannes den Täufer). Alle Geschäfte sind dann geschlossen und die Feierlichkeiten kulminieren in einem Feuerwerk, das es problemlos mit dem zu Silvester aufnehmen kann.

Eines Tages rief mich mein Freund Rocco an und lud mich zu seinem *onomastico* nach Süditalien ein. Mein eingeschränktes Italienisch ließ mich zumindest in Erfahrung bringen, dass es sich weder um seinen Geburtstag noch um den Jahrestag seiner Taufe oder um eine Verlobungsfeier handelte. Nachdem ich zum vierten Mal vergeblich „*Che cosa?*" gefragt hatte, beendete ich das Gespräch einfach mit „*Si, si, verrò*" – ja, ja, ich komme. Mein Wörterbuch, das ich sofort nach unserem Telefonat bemühte, verschaffte mir auch keine Klarheit, denn der Begriff „Namenstag" war mir völlig fremd. Also suchte ich Pasquale, meine Autorität in allen Lebensfragen, auf. Er lachte mich aus, als ich ihm berichtete, ich würde zu einem *onomastico* fahren, ohne wirklich zu wissen, was das sei. „*È il giorno del suo santo*", erklärte er, griff zu einem Kalender und schlug im August den Tag von Roccos *onomastico* nach – da stand „San Rocco".

Ladies walk for 24 hours,
following La Madonna
Trapani
Sicily.

GIORNALE DI SICILIA
VIA CRUCIS
VIA CRUCIS
Easter - Trapani

Es handelte sich offensichtlich um einen Tag, den die Italiener speziell diesem Heiligen gewidmet hatten.

Ich war sehr gespannt auf meinen ersten *onomastico*, zu dem 16 Freunde, ein Holzboot und die Amalfiküste den pittoresken Rahmen bildeten, während Roccos Telefon ununterbrochen klingelte. Er wurde mit *auguri* von Tanten, Onkeln und Freunden überschüttet, als hätte er im Lotto gewonnen oder wäre Vater geworden. Als kleinere Boote an uns vorbeifuhren und die Besatzung Rocco erkannte, wurden ihm weitere *auguri* übers Wasser zugerufen. Was folgte, war ein Fest wie jedes andere, nur dass wir es zu Ehren von San Rocco feierten, dem Schutzpatron der Chirurgen, Apotheker und Gefangenen, um nur einige zu nennen. Ich erfuhr im Laufe des Abends sogar, dass auch ich in Italien Namenstag habe, am 4. November, mit San Carlo, dem Schutzheiligen des Klerus, der Lehrer und „Stärkemacher" – eine von Roccos zahlreichen Tanten wusste wortreich darüber zu berichten.

Im italienischen Festkalender gibt es natürlich zahlreiche andere Einträge, darunter auch einen ganz besonderen: Einmal, gelegentlich auch zweimal im Jahr wird eine Statue des Schutzpatrons aus der Kirche am Ort geholt und von Männern auf den Schultern in einer feierlichen Prozession durch die Stadt oder das Dorf getragen. Dieser Umzug ist der Höhepunkt des Dorf- oder Stadtfests, das üblicherweise zu Ehren des Patrons gefeiert wird. Der Ort ist dann herausgeputzt und wie eine Geburtstagstorte illuminiert. Auf den großen *piazze* gibt es Musik und Tanz sowie zahllose Einheimische, die auf die Prozession warten. Weihrauch liegt in der Luft, Murmelnde rezitieren Gebete, und eine seltsame Stille breitet sich unter den Anwesenden aus, wenn die Prozession mit monotonem Trommelschlag naht. Scheinbar perfekt choreografiert heben sich die Hände und schlagen das Kreuz, wenn sie vorüberzieht. Alte Männer ziehen in einer fließenden Bewegung den Hut und verbeugen sich. Wer so eine

Prozession schon einmal erlebt hat, kennt den eigenartigen Schauer, den sie beim Betrachter auslöst.

Aber zurück zur Madonna. Schön langsam kennen alle meine Freunde mein Faible für die Madonna und geben mir entsprechende Tipps. So flog ich zu Ostern nach Sizilien, um mir dort *i misteri* (alte geschnitzte Holzfiguren, die zwanzig Szenen der Passion Christi darstellen) und die größte Prozession Italiens zu Ehren der Madonna anzusehen. Ich war auch überglücklich, als Francesco mir in Bari zwischen den hübschen weißen Straßen 120 leuchtend bunte Madonnen in Nischen zeigte, die alle mit kleinen Stoffröckchen bekleidet waren. Während meine Freunde *aperitivi* tranken und den Sonnenuntergang an der Amalfiküste genossen, lief ich den Strand entlang. Hinter Priestern her, die Rosenblüten für eine Madonnenfigur streuten, die über den Sand getragen wurde.

Je öfter ich sie sah, desto mehr fühlte ich mich den Frauen im Allgemeinen und Müttern im Besonderen verbunden. *La Madonna* flößte mir neuen Respekt ein und erinnerte mich an die Freuden und Leiden gleichermaßen, die viele Frauen durchleben. Mir jedenfalls ist es unmöglich, von den Emotionen, die in den verschiedenen Madonnendarstellungen zum Ausdruck kommen, nicht berührt zu sein. Die unendliche Traurigkeit von Müttern aller Jahrhunderte scheint in ihrem gebeugten Haupt vereint, in der Agonie ihres Gesichts, in dem silbernen Schwert, das ihr Herz durchbohrt und in dem verlorenen Kind in ihren Armen. Sie lässt mich auch an meine Mutter denken, die mich groß gezogen, umsorgt, geliebt und selbstlos gehen lassen hat.

Bologna
VIA
VOLTO SANTO

La Vespa

Die Vespa

Gioia, Naples

Side-saddle
Naples

Fünf Uhr morgens an einem klaren Sommermorgen. Die Sonne steigt über den Horizont der Amalfiküste und färbt das blaue Wasser golden. Es ist noch so frisch, dass ich meinen Jackenkragen hochschlage und näher an Francescos warmen Körper rücke. Ich kann gar nicht anders, als lauthals Blondies „I want that man" gegen das Motorengeräusch von Francescos babyblauer Vespa aus den Siebzigerjahren zu schmettern. Meine Haare flattern mir ins Gesicht, während wir die halsbrecherischen Kurven nehmen und der nackte Fels direkt unter uns ins smaragdgrüne Wasser abfällt. Die Sonne steigt langsam über den Hügel, taucht alles vor meinen Augen in ein zauberhaftes Licht. Ich inhaliere den Geruch von Francescos Nacken (Salzwasser und Zitrone, eine frische Morgenbrise und den Duft von Bäumen) und danke Gott dafür, dass ich diesen Moment erleben darf. Sollte Blondie immer noch nach dem Himmel suchen, hätte ich jetzt einen Tipp für sie, wo sie ihn suchen sollte. Himmel ist, sich in der Morgendämmerung auf einer hellblauen Vespa an jemand zu schmiegen, den man liebt und dazu das Paradies in sich aufzunehmen, das sich in unendlich vielen Farben der Natur an der Amalfiküste den eigenen Augen präsentiert.

Ich finde, in „Ein Herz und eine Krone" lässt sich kaum sagen, was Audrey mehr bezaubert – Gregory Peck oder *la vespa*. Sophia Loren fuhr damit über die winzigen Kopfsteinpflastergassen von Neapel und verlieh dem motorisierten

Naples

Zweirad mehr Sexappeal als je zuvor. In „La Dolce Vita" werden Anita Ekberg und Marcello Mastroianni permanent von Paparazzi auf Vespas verfolgt und fotografiert. Millionen von Italienern und der eine oder andere Australier lieben dieses knatternde Ding, eines der schönsten Designobjekte des zwanzigsten Jahrhunderts. Und wenn es für Audrey, Gregory, Sophia und Marcello gut genug war, ist es das für mich allemal.

Es ist dieses besondere Motorengeräusch, das die Vespa von allen anderen *motorini* unterscheidet, die durch Italien kurven. Das charakteristische Geräusch beim Runterschalten. Ein tiefer, musikalischer Klang, der nichts mit dem an Kindergeschrei erinnernden „Wääääh-wääääh" all der anderen Gefährte gemein hat. Und es ist ein schlichtweg unvergleichliches Gefühl, sich an den Rücken eines tollen Mannes zu schmiegen und mit ihm auf der Vespa durch die Straßen zu flitzen. Da möchte ich sofort loslaufen, mir eine Caprihose kaufen, dazu ein Seidentuch von Hermès (wenn ich es mir leisten könnte …), todschicke Sandalen und eine große schwarze Sonnenbrille.

Ockerfarbene Mauern, Männer, die Zigarre rauchen, Brunnen aus dem Barock, Einheimische beim Kaffee und Menschen auf Fahrrädern – vom Rücksitz einer Vespa aus verschwimmt das alles zu einem einzigen, faszinierenden Bild. Da begreift man sofort, warum Audrey, Gregory, Sophia und Marcello sich in diese sexy Kurven und das kleine Reserverad hinten verliebt haben. Und wie die Vespa so mühelos zu einem der Symbole Italiens avancierte. Schließlich schenkte sie tausenden jungen Italienern Bewegungsfreiheit, die sich mit ihr endlich einen eigenen „Satz Reifen" leisten konnten.

Jedes Mal, wenn so eine alte Vespa vorbeifährt, muss ich stehen bleiben und sie bewundern. Dabei spielt es gar keine Rolle, ob sie im tiefsten Winter den Ponte Santa Trìnita überquert, in Neapel oder am *lungomare* von Bari eine ganze Familie transportiert. Die Form der Vespa ist in meinen Augen schlichtweg von einzigartiger Schönheit und Magie. Ebenso hingerissen bin ich von den Menschen, die Vespa fahren und sich gegen einen dieser aufgestylten Plastik-Roller entschieden haben. Seien wir doch mal ehrlich: Audrey und Sophia wären auf so einem Ding, mit dem man noch nicht einmal schalten kann, niemals im Damensitz gefahren.

In keiner anderen Region des Landes wird die echte „50 special"-Vespa so geliebt wie in Süditalien. In Neapel, auf Sizilien und in manchen Teilen Roms ist sie praktisch das einzige Modell, das man auf der Straße sieht. Wenn auch in unterschiedlichstem Zustand, von tadellos gepflegten Exemplaren bis hin zu solchen, die von Klebeband zusammengehalten werden. Neapel ist die Stadt, in der man geradezu auf der Vespa lebt. Kinder wachsen zwischen den Beinen ihrer Eltern auf dem Roller stehend auf, während man zum Pizzaholen, zum Verwandtenbesuch oder zur Schule fährt. In Australien lernen Kids surfen fast bevor sie laufen können, in Neapel ist es Vespafahren. Sie sitzen mit einer Lässigkeit und Gewandtheit auf der Vespa, die von lebenslanger Übung herrührt, kurven die steilen Straßen hinauf und hinunter, tauchen in den Verkehr ein und brausen wieder heraus, als ob sie auf einem Wellenkamm reiten würden.

Die Vespa ist mehr als ein Transportmittel, das einen bequem durchs *centro* bringt. Sie ist für viele Italiener, die damit heiße Pizza, lange Bretter für eine Baustelle, Setzlinge und die ganze Familie befördern, Ausdruck eines Lebensstils. Die Vespa bietet darüber hinaus jede Menge Möglichkeiten der Zweitnutzung: So wird sie etwa zum Clubsessel im Freien, auf dem sich dunkelhaarige Kerle so nonchalant zurücklehnen, wie das eben nur Italienern gegeben ist. Die Seitenspiegel sind perfekt, um mit einem schnellen Blick zu überprüfen, ob das Gel nach wie vor die Tolle am richtigen Platz hält oder ob Spinat zwischen den Zähnen hängt, bevor man losbraust, um seine *ragazza* abzuholen. Auf den Sitzen lassen sich spontane Kartenpartien ebenso bestreiten wie Knutschereien

a little girl in Naples

Bar
Porta Romana
CAFFE' MINGO
SALE

196
BACCHI
Tabacchi
Porta Romana, Firenze

im Dunkel der Nacht. Aber es gibt natürlich auch unverfänglichere Gründe, warum sich Italiener aller Schichten zugunsten der Vespa und gegen das Auto entscheiden. Schmale Straßen, die für Pferde und Karren gebaut wurden, sorgen in allen Städten für ein regelmäßiges Verkehrschaos. Und wer schon einmal stundenlang einen Parkplatz gesucht hat, wird sehnsüchtig den flinken Zweirädern hinterherblicken, die in jede noch so kleine Parklücke passen. Außerdem gibt es einfach Impressionen, die aus keiner italienischen Stadt wegzudenken sind: Glutäugige Frauen mit blauschwarzem Haar, geschminkten Lippen und hautengen Hosen, die mit einem Ohr am Handy an den Passanten vorbeifliegen und eine Spur italienischer Männer, die ihnen nachstarren, hinter sich lassen. *Signori* mittleren Alters, von Kopf bis Fuß in Armani gehüllt und mit ledernen Aktenmappen ausgestattet, die auf dem Weg ins Büro morgens an der Ampel wie Valentino Rossi röhren. Die coolsten Großväter der Welt, die ihre Enkel zwischen den Armen stehen haben, während sie die Kleinen zur Schule bringen ... Wenn dann im Sommer noch attraktive Frauen in Miniröcken und mit bronzefarbenen Beinen an der Ampel halten, bringt das im wahrsten Sinne des Wortes den Verkehr zum Erliegen.

Wenn ich einmal achtzig Jahre alt bin und die schönsten Momente in meinem Leben Revue passieren lasse, werde ich mich mehr als wehmütig an die folgenden Vespa-Augenblicke erinnern: Ich sitze mit einer Gruppe von Freunden, fünf Vespas und einem *fiasco* (Korbflasche) Chianti auf der Piazza Santa Croce, als es zu regnen beginnt und wir in den Genuss kommen, meine brave englische Freundin mit einem riesigen Regenschirm, unter dem nur die zwei Reifen einer alten Vespa herausgucken, zu ihrem Hotel zurückfahren zu sehen ... Um Mitternacht Runden um das beleuchtete Colosseum drehen – zum Umfallen schön ... Vor Freude quiekend das erste Mal mit Francesco von Popis Haus

ponte santa trinita
Florence

Naples

Baby blue Vespa,
Florence

which colour
would
you like?

kids, Naples

Lorenzo +
Pino,
Florence

AB 8
6482

wegfahren, während sie noch etwas von Helmen und vorsichtig sein hinter uns herruft … Die Angst- und Freudenschreie, als mein verrückter Freund Gennaro mit mir durch die Gassen von Neapel kurvte und dabei haarscharf alten Damen auswich, die Tintenfisch, Obst und Gemüse nach Hause schleppten. Ich glaube nicht, dass ich bei meiner ersten Achterbahnfahrt ein größeres Prickeln in der Magengegend verspürt habe. Aber unerreichbar ist bis heute natürlich der besagte Blondie-Moment: die Arme um die Taille von meinem Francesco geschlungen, verliebt ins Leben, auf einer babyblauen Siebzigerjahre-Vespa, an einer der schönsten Küsten überhaupt und mit einem Stück endlos scheinenden Himmel vor meinen Augen.

Den Sattel der Vespa kann man wunderbar für spontane Kartenspiele nutzen; nachts dient er nicht nur den Verliebten als bequemes outdoor-Möbel.

amalfi Coast

il viaggio

Die Reise

Venice

girl rides through Piazza della Repubblica in the rain – Florence

Es kommt mir manchmal so vor, als sei ich schon ein Leben lang auf Reisen. Meine erste Flugreise ohne Eltern unternahm ich im zarten Alter von vier Jahren, und von dem Tag an war ich mit dem Reisefieber infiziert. An meinem ersten unverplanten Wochenende in Florenz begab ich mich mit einer kleinen Tasche zum Bahnhof, studierte die Fahrpläne und wählte willkürlich eine mir unbekannte Destination in der Nähe aus. Die Wahl fiel auf Urbino. Danach vergewisserte ich mich, dass ich es bis zum Abend auch wieder zurückschaffen würde und machte mich dann auf zu meinem ersten von vielen italienischen Abenteuern. Ich liebe es einfach, neue Orte zu entdecken und die Schönheit und die enorme Vielfältigkeit von Italiens *paesini* (Kleinstädten) faszinierten mich von Anfang an.

Mittlerweile habe ich mich sogar an die Eigenarten des Bahnreisens in Italien gewöhnt: An die Bahnhöfe mit ihrer betagten Eleganz, an die Schlangen vor der *biglietteria* und daran, dass immer mal wieder ein Reisender über eine Verspätung oder einen Eisenbahnerstreik die Nerven verliert. Ich lernte rasch, meine Wochenendplanung dem Streikkalender anzupassen, um nicht unnötig Zeit auf einem verwaisten Bahnsteig in einem abgelegenen Teil Umbriens oder der Marken zuzubringen. Viel interessanter war es doch zu beobachten, wie sich der Zug füllt und welche Szenen sich auf dem Bahnsteig abspielen: Vorfreude, Hochstimmung, Traurigkeit, Aufregung, Abenteuer und Liebe in all ihren

Spielarten. Für alle sichtbar, wie eine gemeinsame Zigarette, bevor man den Zug besteigt, oder wie der Blick eines jungen Mädchens, das eine alte Dame an ihren Platz begleitet. Da wandert ein Styroporbehälter mit frischen *mozzarelle* aus den Händen einer Mutter in die ihres Sohnes, der von Bari nach Mailand fährt. Mit *„Mamma, Mamma"*-Rufen füllt ein dünnes, aufgeregtes Stimmchen das Abteil beim Anblick einer jungen Frau, die mit Freudentränen im Gesicht den Bahnsteig entlangläuft. Liebende jeden Alters küssen sich mit der Zärtlichkeit der Abschied Nehmenden und erwarten bang den Pfiff des Stationsvorstehers, kurz bevor sich die Türen schließen. Handys klingeln überall im Wagen und liefern Nachrichten von *mamme, ragazze* und *amici. „Hai mangiato?"*, (Hast du etwas gegessen?) lautet die häufigste Frage, gefolgt von *„Quando arrivi?"*.

Ich liebe es zuzusehen, wie ein altes Ehepaar seine *panini* auspackt und fein säuberlich zum Mittagessen bereitlegt. Ihre Präzision lässt vermuten, dass sie das schon tausende Male gemacht haben. Oder das Heben der Köpfe, wenn das Aroma einer kräftigen Salami über fünf Sitzreihen zieht und alle Passagiere sich den Hals verrenken, um zu sehen, von wo es kommt. Oder eine Nonne, die eingeschlafen ist und leise schnarcht, während eine Rothaarige neben ihr sich die Fingernägel lackiert und zwischendurch ihren Pudel mit Hundekeksen füttert. Es geht einfach nichts über das Gemeinschaftsgefühl, das wie von selbst entsteht, nachdem der *capotreno* (Lokführer) durchgesagt hat, dass wir soeben eine Ziege erwischt haben und unser Zug sich deshalb eine gute Stunde verspäten wird. Willkommen in Italien.

Zugreisen bieten einem bewegte Bilder vom Wandel der Jahreszeiten. Braune Felder, die noch einen Monat zuvor schneebedeckt waren, stehen jetzt voll mit knallrotem Mohn und künden vom Frühling. Antike Aquädukte durch grüne Landschaften begleiten uns nach Rom. Und der erste flüchtige Blick auf die Adria lässt unsere Herzen auf der Reise nach Süden in die Sommerferien höher

Washing down the Orient Express, Venice

ticket office, florence

Sfogliatelle

Florence

Bass buying a ticket –
Bologna

Saying goodbye,
Florence

My first plane
trip with my
big sister.
(I'm on the right!)

schlagen. Bahnreisen in Italien ist ein Unterfangen, dem ich mich immer wieder bereitwillig unterziehe. An einem warmen Juninachmittag balancierte ich einmal zwölf warme *sfogliatelle* auf meinen Knien von Neapel nach Florenz. Die rhythmische Bewegung des Zuges und die Sonne, die durchs Fenster fiel, ließen mich an jenen Freitagnachmittag in Sydney zurückdenken, als mir plötzlich klar wurde, dass ich mein Leben ändern musste. Der Entschluss, meine bisherige Existenz aufzugeben, war die eine Sache, zu wissen, was ich stattdessen wollte, eine andere.

Wieder und wieder hatten mir meine Freunde damals versichert, wie mutig es gewesen sei, „alles zu riskieren". Heute kann ich mir meine verwirrte Miene angesichts des wiederholt benutzten Ausdrucks „mutig" lebhaft vorstellen. Denn mit Mut hatte das Ganze rein gar nichts zu tun. Eher im Gegenteil. Es war eine Mischung aus Furcht, Frust und Wut gewesen, die mich angetrieben hatte: Furcht davor, in einem Leben gefangen zu sein, das ich nicht gewollt hatte; Frustration darüber, niemals jemanden zu finden, den ich und der mich liebte; und Wut darüber, was mir alles entging. Es gab nur ein einziges Versprechen, das ich mir abgenommen hatte, als ich die letzten Reste meiner bisherigen Existenz in Kisten verpackte und nur das auswählte, was davon in zwei Koffer passte: Ich würde die zweite Hälfte meines Lebens damit verbringen, etwas zu tun, was ich liebte, was mich mit Leidenschaft erfüllte.

Nachdem ich die Entscheidung wegzugehen getroffen hatte, erfüllte mich eine Heiterkeit, wie sie nur ein Wandel mit sich bringt. Einfach alles zu verändern – meinen bisherigen Lebensstil, meine Sprache, meine Frühstücksgewohnheiten, die Aufstehzeit, die Leute, die ich täglich traf – das war genau das Abenteuer, nach dem ich mich gesehnt hatte. Ich fühlte mich wie ein fast erloschenes Feuer, das von einem Schwung Sauerstoff plötzlich neu angefacht wird. Die Aromen waren mit einem Mal kräftiger, die Geräusche lauter, die Farben strahlender

COMUNE DI VENEZIA
BENI E ATTIVITÀ CULTURALI

und Gefühle, von deren Existenz ich schon nichts mehr wusste, kehrten wie verloren geglaubte Freunde zu mir zurück.

Auch wenn ich seitdem viel Schönes erlebt habe, gab es natürlich auch Zeiten, in denen ich glaubte, es nicht schaffen zu können. Vielleicht hatte ich mir einfach zu viel vorgenommen. Es gab Tage, an denen ich von Angst erfüllt war und Tränen der Enttäuschung in meine Augen traten, mir wie Bäche übers Gesicht liefen und in den Kragen tropften. An die Stelle eines geregelten und vorhersehbaren Tagesablaufs war eine emotionale Tour de Force und eine Achterbahnfahrt ums wirtschaftliche Überleben getreten.

Doch jedes Mal, wenn ich meinen Traum, als Fotografin in die Fußstapfen von Annie Leibowitz und Ellen von Unwerth zu treten, für erledigt hielt, passierte etwas Unvorhergesehenes, das mich rettete und wieder ein Stückchen weiter brachte. So wäre mir Modefotografie nie in den Sinn gekommen, hätte nicht eines Tages ein italienisches Modemagazin (lange nach meinem ersten Job für „Marie Claire") angerufen. Das Angebot war fast zu schön, um wahr zu sein, und ich griff zu. Fast verrückt vor Aufregung und Angst vor all den Models, Visagisten und einer Redakteurin mit mehr *gusto*, als mir je untergekommen ist, zu versagen, absolvierte ich mein erstes Shooting für „Collezioni". Die Redakteurin war begeistert, als sie meine Aufnahmen sah und nahm mich spontan in den Arm, als mir daraufhin Freudentränen übers Gesicht liefen. Ich brauchte damals Stunden für den Heimweg, weil ich vor lauter Aufregung immer wieder am Straßenrand anhalten musste, um mich zu beruhigen.

Mit der Zeit wurden Momente dieser Art häufiger. Im Sommer 2004 lebte ich bereits seit vier Jahren in Italien, war für diverse australische und internationale Magazine regelmäßig kreuz und quer durchs Land gereist und hatte dank meiner Kamera ein Abenteuer nach dem anderen erlebt. Die Achterbahn war auf ein neues Gleis eingebogen und dieser neue Streckenabschnitt fühlte sich

Kiss goodbye – Milan

Snow Florence from Piazzale, Michelangelo.

richtig gut an – zumal mir nun die Geldautomaten immer seltener mitteilten, ich solle meine Bank aufsuchen. An einem Sommernachmittag im Juni jenen Jahres packte ich eine große runde *mozzarella* zu den Tomaten, den Oliven, dem Parmesan und den Pilzen in meiner Tasche und legte diese zu den Rosen in meinem Fahrradkorb. Während ich durch Florenz radelte, wurde mir bewusst, dass alle guten Dinge im Leben, die ich so lange vermisst hatte, sich mit der Zeit, und sogar besser als erwartet, eingestellt hatten. Der Wind blies mir das Haar aus dem Gesicht, ich sang lauthals vor mich hin und dachte daran, was die nächsten Tage wohl bringen würden. Am Abend vorher hatte ich eine der berühmtesten Schauspielerinnen Europas fotografiert und in zwei Tagen würde ich nach Spanien reisen, um Flamencotänzer und Matadore abzulichten. Die Redakteurin von „Collezioni" war von meinen letzten Aufnahmen so angetan gewesen, dass sie mir sofort einen Folgeauftrag erteilt hatte. Und Renzo, der Besitzer meines Stammgeschäfts für Lebensmittel, hatte darauf bestanden, mir eine Extrascheibe Pecorino für den wunderbaren Francesco einzupacken, der in meiner Wohnung auf mich wartete.

An jenem Abend schnitt ich die *mozzarella* in dicke Scheiben, beträufelte sie mit Olivenöl, viertelte in der Junisonne gereifte *pomodori* und begann mit den Vorbereitungen für das Abendessen. Durch meine kleine Wohnung zog der Duft von *tagliatelle ai porcini*, und nach und nach strömten all meine Freunde herein: Wayne, Michelle, Tommaso, Frances, Jacqui, Karen, Athalee, Attilio, Luigi, Miriam, Roseanne, Rachel, Vanessa, Sarah, Francesco – als würde der Strom niemals abreißen. Meine Schwestern mit Ehemännern, ihre Kinder, mein Bruder und meine Eltern sorgten dafür, dass wir vollzählig waren. Frank Sinatra schmetterte „I've got you under my skin", und goldenes Licht fiel von draußen herein. Der Raum war voll mit Menschen, die ich liebe, erfüllt von ihrem Lachen und ihrer angeregten Unterhaltung. Der Duft von gebackenen Pfirsichen, die in meinem Ofen vor sich hinbrutzelten, lockte mich von meinen Lieben weg und zurück in die Küche. Während ich Kaffee aufsetzte, blickte ich träumend aus dem Fenster. Draußen flackerten die Lichter von Florenz auf und ich wusste, dass meine Reise gerade erst begonnen hatte.

Florence at Sunset

me, on the way back from Sicily

I was filled with an indescribable happiness for what my life had become.

Carla Coulson

Joy!
Isabella @ christmas
2004

Danksagung

Dieses Buch (und mein neues Leben) verdanke ich der herausragenden Großzügigkeit, dem Weitblick, der Hilfsbereitschaft und der wundervollen Freundschaft der folgenden Menschen: Ein riesiges Dankeschön geht an Julie Gibbs, Claire de Medici und Sandy Cull für ihre außerordentliche Kreativität, Geduld und Professionalität in Sachen Design, Lektorat und Layout. Besonderer Dank auch an Rachael Oakes Ash für jede erdenkliche Hilfe. An Annie Williams von „Annica" in Surry Hills für die Produktion meiner Bilder. An Gianni, Danieli und Sandra vom Labor Sky Photographic in Florenz. An Gianluca Maver und Ricardo Mattoni von Print Serve. Auch an Federico und Kollegen von Essedi, die mich retteten, als mein Computer kurz vor meinem Abgabetermin im August den Geist aufgab. An Maresco und Baldo von MB Ottica in Florenz. An Marta Innocenti Ciulli, Teresa Favi und alle Mitarbeiter der Zeitschrift „Collezioni". An Leigh Gazzard, den besten Ex-Geschäftspartner der Welt. An Michèle Pero, Sande Kreft, April Haughey, Athalee Brown, Michelle Perrett, Wayne Chick, Frances Martin, Karen Cotton, Caroline Gibbes, Moira Walsh, Amanda Tabberer, Sarah Sclarandis, Roseanne Dowland, Graeme & Treffina Dowland. An Dawn Nicholson und Lorna French und The Connigans. An Melissa Collison, Adriana Cortazzo, Vicki und David Archer. An Pasquale und Antonio, an Popi Zazzeri, Monica Sarsini und Ettore Chelazzi, Alessandra „La Signora".

An Michele vom Miransu, Vanessa Forbes, Lisa Clifford Consumi, Natasha Bita, Philippa Kundig, Eric Bulson und all die Seelenverwandten, mit denen ich an Popis Tafel zu Abend gegessen habe. SGS, Tommy und Sally Tilley. Tomasso, Attilio Cauli, Rosina Cauli und die Familie Cauli. Chiara und Giuseppe Cataldi und alle Mitglieder der Urbano-Sippe. Mariangela Cipriani, Miriam Santarossa, Anico Szabo. Luigi und alle Jungs in der Küche von Tre Sorelle Positano. Rocco, Sergio Bello und die anderen von Da Adolfo in Laurito. Tommaso Torniai und Gianpaolo Marchi bei Paskowski, Luca Picchi und Kollegen im Rivoire. Den Damen in der Küche und dem übrigen Personal der Casalinga Trattoria in Florenz. Den fantastischen Kellnern im Floriani in Venedig. Den Leuten bei „Harper's Bazaar", „Marie Claire" Australia, „Gourmet Traveller", „Qantas Magazine" und all den anderen Zeitschriften, die mir auf meinem Weg geholfen haben. Miriam, Lorenzo und Pino (seinem treuen Hund), Silvia Matteoli und ihrer Familie. Marco und Cinzia vom Caffe Degli Artigiani, Rosano und seinem Vater vom Nuvoli, Armando und Michele von I Fratellini in Florenz und den wundervollen Leuten im Baldovini. Bosco von Arthur's Pizzeria in Paddington, La farmacia die Santa Maria Novella in Florenz für die großzügige Erlaubnis, ihre Kapelle zu fotografieren. Meiner Schwester Donna McFarlane für ihre unermüdliche und klaglose Unterstützung im Umgang mit meiner Buchhaltung und jedem anderen erdenklichen Problem. Steve McFarlane, Jan und Andrew Prichard, Stewart und Cilla Coulson. Meinen Nichten und Neffen, den Stars einiger meiner Lieblingsfotos. An Francesco, der meine Taschen getragen, sich stundenlang über meine Fotos gebeugt und geduldig mit mir auf den perfekten Augenblick zum Abdrücken gewartet hat. Der sich nie beklagt oder mich zur Eile angetrieben hat – ich bin dir ewig dankbar. Dank gebührt auch allen anderen, die mir im Laufe der Jahre erlaubt haben, sie zu fotografieren. Ich danke euch allen aus tiefstem Herzen.

Titel der englischen Originalausgabe: *Italian Joy*
Ins Deutsche übertragen von Henriette Zeltner

Die Originalausgabe erschien 2005 bei Lantern, Penguin Group (Australia)

www.collection-rolf-heyne.de

Satz und Redaktion: Collection Rolf Heyne, München
Druck und Bindung: Printer Trento, Trento
Printed in Italy

ISBN 3-89910-297-5